독일 사회민주당
150년의 역사

베르트 파울렌바흐 지음 | 이진모 옮김

Geschichte der SPD:
Von den Anfängen bis zur Gegenwart

한울
아카데미

GESCHICHTE DER SPD
by Bernd Faulenbach

이 도서의 국립중앙도서관 출판예정도서목록(CIP)은 서지정보유통지원시스템 홈페이지(http://seoji.nl.go.kr)와 국가자료공동목록시스템(http://www.nl.go.kr/kolisnet)에서 이용하실 수 있습니다.
CIP제어번호: CIP2017008923(양장), CIP2017008924(학생판)

옮긴이의 글

2013년, 독일 사회민주당은 창당 150주년을 맞이했다. 뒤늦은 산업화로 시작된 격심한 계급 갈등의 시대에서 출발해 국가 존망의 위기를 가져온 두 차례의 세계대전, 그리고 분단과 냉전이라는 현대사의 비극적 시기를 관통하며 한 정당이 역사를 만들어왔다.

150년 전 그들이 첫걸음을 내딛었을 무렵에는 제국주의와 자본주의의 결정판이었던 산업화의 후유증으로 사회 갈등이 극에 달해 있었다. 저임금에 과도한 노동, 아동 노동과 여성 노동마저 심각했고 사회 안전망은 전무했다. "우리는 기계가 아니다"를 외쳤던 전태일의 목소리가 떠오르는 극한 상황에 첫 사회민주주의자들은 '자유, 평등, 연대'의 깃발을 들고 단결하기 시작했다. 그리고 역사를 만들어나갔다.

자본가들에 의해 억압과 착취의 대상으로 전락한 노동자들의 목소리를 모아 정치적으로 대변하는 조직인 독일 사회민주당은 기득권 세력의 탄압과 박해를 받아야 했다. 온건한 개혁이냐 체제 타도냐를 둘러싼 당내 노선 투쟁도 만만치 않았다. 창당 초기 강력한 정치 세력으로 급성장하기도 했지만 제1차 세계대전에 대한 입장 차이에서 당이 분열되는 아픔도 겪었고, 나치의 집권을 막지 못해 당이 해체되기도 했다.

독일의 역사를 나치의 전사前史와 후사後史로 보는 것은 역사적으로 옳지 않다. 적어도 근대 이후 독일사에 면면히 흐르는 하나의 중요한 궤적은 자본주의에 대한 대안 제시와 사회 전 영역의 민주화를 향한 끊임없는 도전이다. 독일 사회민주당이 설정했던 지속적인 과제인 불평등 개선과 복지 향상, 모두를 위한 사회민주주의 실현은 오늘날 독일 사회 곳곳에서 성과가 나고 있다. 경제 민주화나 사회적 시장경제를 특징으로 하는 이른바 독일 모델의 눈부신 성과는 그들의 투쟁과 노력 없이는 불가능했다. 모두가 불가능하다고 생각했던 독일 재통일도 온갖 오해를 무릅쓰며 동서 화해와 공존을 추구했던 사회민주주의자들의 노력 없이는 공허한 꿈이었다.

독일 사회민주당 150년의 역사는 암울한 현실에 직면한 인간이 그들의 이상을 포기하지 않고 끊임없이 실현 가능한 개혁을 시도하면 역사의 흐름을 바꿀 수 있다는, 구체적 사례라는 점에서 독일사의 범위를 넘어 세계사적 의미가 있다. 이것이 바로 우리가 그들의 역사를 바라보는 이유이다.

사회민주주의가 추구했던 과제는 그동안 많은 부분 성취되었다. 그래서 랄프 다렌도르프Ralf Dahrendorf는 오래전에 "사회민주주의 시대는 이제 끝났다"라고 말하기도 했다. 그러나 오늘날 인류는 새로운 위기, 즉 세계화로 인한 경제 위기, 난민 문제, 지구온난화와 지속 가능한 발전 문제와 같은 새로운 도전에 직면해 있다. 해결책은 과연 어디에 있을까?

앞으로도 독일 사회민주당의 역사가 지금까지처럼 성공 스토리로 기록되리라는 보장은 없다. 그러나 결코 가볍지 않은 그들의 발자취, 150년의 역사는 그들에게 이 문제들을 극복하는 데 앞장설 지혜와 힘을 줄 수 있을 것이라고 믿는다.

이 책은 베른트 파울렌바흐가 쓴 책을 번역한 것이다. 오래전부터 독일 사회민주당의 역사를 쓰겠다고 생각하고 있었는데 우선 파울렌바흐 교수의 책을 번역하게 되었다. 내가 박사 학위논문을 쓸 때 부심으로서 열성을 다해 지도해주었으며, 이번에 한국 독자를 위한 서문까지 흔쾌히 보내준 파울렌바흐 교수께 감사 인사를 드린다. 또한 원서에는 없는 사진 자료를 삽입할 수 있게 허락해준 프리드리히 에버트 재단 문서고 관계자와 경기 침체의 끝이 보이지 않는 어려운 시기에 이 책의 출간을 맡아 헌신적으로 작업해준 한울엠플러스(주) 관계자들께도 감사의 마음을 표한다.

베를린에서

옮긴이 이진모

한국의 독자들에게

저는 지난 몇 년간 한국인들과 나눈 많은 대화에서 그들이 독일의 역사에 대해 이례적으로 커다란 관심을 가지고 있다는 사실을 알게 되었습니다. 이 관심은 아마도 독일과 한국 사이에 실질적으로 역사적 유사성이 있다는 생각 혹은 아마도 유사성이 있다는 나름의 추정을 통해 자극받은 것 같습니다. 특히 한국과 독일은 모두 분단국가라는 공통점 때문에, 그리고 독일은 1989년과 1990년에 분단을 성공적으로 극복했다는 사실 때문에 그런 생각을 하게 된 것 같습니다. 양국의 역사에 대한 비교사적인 성찰은 또 다른 관점에서도, 예를 들어 산업화가 사회와 정치에 미친 영향 같은 문제를 연구해보아도 생산적인 성과를 얻을 수 있을 것입니다. 이러한 이유로 저는 제가 집필한 『독일 사회민주당 150년의 역사』가 한글로 번역된 것을 매우 기쁘게 생각합니다.

독일 사회민주당은 19세기 중반부터 현재에 이르기까지 조직상의 연속성을 지녀온 정당으로서 유럽에서 가장 전통이 깊은 정당 중 하나입니다. 독일 사회민주당의 연속성은 전쟁과 분단 등을 통한 독일사의 뚜렷한 단절과 매우 인상적으로 대비되기도 합니다. 그러나 동시에 정당의 역사는 19~20세기 독일과 유럽의 역사에서 중요했던 문제들을 반영합니다. 사회민주당은 산업화 그리고 또 다른 도전들에 직면했을 때 항상 특별한 방식으로 민주주의와 사회 개혁을 위해 노력해왔으며, 이뿐 아니라 이웃 국가들과의 화해를 위해서도 적극적으로 개입해왔습니다. 물론 사회민주당의 정책은 간혹 과오를 범하기도 했고, 통일된 정책 노선을 찾는 데 어려움을 겪기도 했으며, 당이 추구했던 목표를 달성하는 데 실패한 적도 있습니다.

『독일 사회민주당 150년의 역사』를 읽어가면서 독자들은 독일사와 유럽사의 핵심이 되는 문제를 만나게 될 것입니다. 제2차 세계대전 이후에 독일 사회민주당은 다른 어떤 정당과도 달리 동서 적대감을 해소하고 이를 본질적으로 극복하는 데 기여했습니다.

번역해주신 이진모 교수께 감사드리며 이 책이 많은 독자를 만나게 되기를 바랍니다.

독일 보훔에서

베르트 파울렌바흐

차례

01

독일 사회민주당의 역사와 그 의미

독일 사회민주당(이하 사민당)의 역사적 뿌리는 1848년 혁명기까지 거슬러 올라간다. 이 조직의 연속성은 1863년부터 시작된 것으로 확인된다. 그렇게 볼 때 사민당은 독일에서 가장 긴 역사를 가진 정당이며 유럽 차원에서도 가장 오래된 정당 가운데 하나이다. 사민당은 2013년에 최소한 150번째 생일을 맞이했다.[1] 그동안 독일 역사에서 사민당은 의심할 여지 없이 중요한 요소로 기능했으며 그들이 미친 영향은 독일 국경을 넘어선다. 그들은 유럽에서 노동운동과 관련된

* 이 책의 모든 각주는 옮긴이가 독자의 이해를 돕고자 수록한 것이다.

1 창당 시점을 1848년 혁명기로 올려 잡으면 여기에 15년이 더 추가된다.

많은 정당의 전범典範이었으며 그들이 남긴 정치적 궤적은 독일의 경계를 넘어서도 유효하다.

그런데도 오늘날 사회민주주의에 대한 비판적 질문들이 제기되고 있다. 2009년 총선에서 사민당은 23%라는 참담한 투표 결과를 얻었다. 유럽 전반에서도 사회민주주의의 위기가 거론되고 있다. 사실 현재 유럽에서 사민당이 내각에 참여하고 있는 나라는 드물다. 찬란했던 유럽의 사회민주주의 시대는 이제 끝난 것일까?

이미 오래전인 1980년대에 다렌도르프는 사회민주주의 시대가 끝나가고 있다고 보았다. 무엇보다 사회민주주의의 중요한 목표들이 적어도 서유럽에서는 성취되었기 때문이다. 그는 사민당이 새로 달성해야 할 과제는 이제 별로 없어서 이미 이룩한 것을 지키는 것이 남은 과제라 생각했다. 그런데 당시는 세계화가 가속화되기 전, 달리 표현하면 신자유주의가 서방의 지배적인 이데올로기가 되기 이전이었다. 오늘날은 신자유주의와 함께 밀려온 시장급진주의의 결과들이 뚜렷하게 가시화되고 있다. 따라서 자본주의를 규제해야 할 필요성과 사회복지국가를 통한 사회적 안전망 확보의 필요성이 또다시 주목받고 있다. 이제 '다른 정당의 사회민주주의화'마저 언급되고 있는 실정이다. 사회민주주의적 발상이 다시 현재적 과제로 인식되고 있는 것이다. 물론 그렇다고 해서 이 상황이 조건 없이 사회민주주의의 새로운 성장으로 이어질 것이라고 단정할 수는 없다.

이렇게 사회민주주의를 둘러싸고 현재 진행 중인 열띤 논쟁과 무관하게 사회민주주의가 차지하는 역사적 위치, 사민당이 수행했던 역사적 역할, 사회민주주의의 프레임 설정에 관한 의문, 그뿐 아니라 변화에 휩싸인 그들의 정체성에 관한 질문이 제기되고 있다. 여기에는 사회민주주의가 유럽 해방운동의 부분으로 발전했으며, 동시에 독일의 역사 및 독일사의 여러 문제와 밀접하게 연관되어 있다는 사실이 고려되어야 한다. 그런 맥락에서 일련의 문제들이 대두된다.

1. 독일의 사회민주주의는 산업화, 고도 산업화, 서비스 사회로의 이행, 계급 형성, 도시화, 사회분화와 개인주의화, 문화적 변천, 교육제도의 팽창, 지식사회의 확립 등의 키워드로 묘사될 수 있는 경제·사회적 배경을 토대로 발전했다. 오랫동안 사회민주주의 그리고 사회민주주의와 연결된 노동조합이 우선적으로 주목했던 것은 자본과 노동의 갈등이었다. 따라서 노동자들이 경험했던 생존의 불안 요소, 착취와 종속, 국가적 억압 같은 사회문제를 해결하기 위해 사회민주주의가 어떤 정책을 추구했는지 질문을 던져야 한다. 나아가 그 외에 다양한 시기마다 어떤 것들이 사회문제로 인식되었는지, 그리고 그 문제들이 기후, 환경, 이민, 테러리즘 같은 문제들에 직면한 오늘날에도 아직 연관성이 있는지 살펴보아야 한다.
2. 사민당은 항상 정치운동인 동시에 사회운동이었다. 바로 그렇기 때문에 사민당은 국가적 차원의 커다란 문제뿐 아니라 기타 정치적 주요 쟁점과 부딪히고는 했다. 국제주의를 표방한 정당이 '뒤늦게 탄생

한 국가'에서 어떤 역할을 수행했을까? 오토 폰 비스마르크Otto von Bismarck의 정치를 통해 비로소 결정되었던 그 지난했던 민족국가 수립 과정에서, 제1차 세계대전에 즈음해, 패전 후 '베르사유 조약'과 독일의 재건 문제에 대해, 그리고 제2차 세계대전 후 독일의 분단과 예기치 않았던 1989/90년의 재통일에 사민당은 과연 어떤 정책을 추구했는가?

압제 국가에 대한 사민당의 입장에서, 제1차 세계대전 후 민주공화국을 관철하는 데서, 제2차 세계대전 후 기본법 제정과 서독 재건 과정에서, 그리고 훗날 통일 독일의 민주주의 실현에서 사민당이 차지하는 의미는 이처럼 여러 차원의 문제와 얽혀 있다. 하지만 독일 민주주의의 역사가 사민당 없이 집필될 수 없다는 것에 대해서는 의문의 여지가 없다.

두 차례의 세계대전, 특히 나치 시대, 제2차 세계대전과 역사상 비교 불가능한 유대인 대학살로 이루어진 '독일의 비극'은 20세기 독일사에 속한다. 사람들은 전쟁과 홀로코스트에서 절정에 도달한 '독일사의 특수한 경로'에 대해 언급해왔다. 히틀러와 제3제국에 맞섰던 사민당은 이른바 '특수한 경로'로 나아간 독일사에 대해 일종의 가상적인 대안역사virtuelle Gegengeschichte를 얼마만큼 보여주는 것일까?[2] 그

2 독일사의 역사적 전개 과정에는 나치와 비극으로 귀결된 어둡고 부정적인 흐름만 있는 것이 아니라 사회복지, 민주, 노동운동으로 이루어진 밝고 진보적인 흐름이 같이 있다는 주장도 있다.

리고 독일사의 특징이 19세기 이래 깊은 단절이라고 규정할 경우, 사민당은 어느 정도로 지속적인 요소들, 다시 말해 독일사 속에 꾸준히 존재해왔던 개혁적 정체성을 대변했던 것일까?

사민당이 한편으로는 동유럽과 차르의 러시아, 훗날의 소련에 대해, 그리고 다른 한편으로 '서구'(이 개념으로 어떻게 이해하든 간에) 및 '서구화'에 대해 어떻게 처신했는지 의문을 제기하는 것도 이러한 맥락에 속한다.

3. 이러한 정치·사회운동의 내적 발전이란 측면도 살펴보아야 한다. 사회적 구성, 의사결정 과정, 지도부와 당직자들의 역할, 중앙당과 지방 산하 조직의 의미, 분파 형성, 내각과 기타 직책에서 그들에 의해 실행된 강령과 구체적인 정책들 말이다. 여기에서 마르크스주의의 수용과 수정 및 상대적 해석 그리고 세계관적인 토대와 역사에 대한 믿음 등은 특별히 주목해야 할 주제이다. 사민당은 어느 다른 정당보다 강하게 당 강령을 중시하는 정당이다. 따라서 당 강령의 변천은 특별한 관심 영역이다. 정치 문화, 당의 주변 환경, 당에 우호적인 단체들(빌헬름 제국 당시나 바이마르 공화국 당시에는 노동자문화단체), 전체 사민당 역사에서 노동조합과의 관계(제2차 세계대전 종식 후 당파성을 극복하고 단일노동조합으로 통합)도 마찬가지이다.[3]

제1차 세계대전 이후 공산주의 운동의 이탈, 처음부터 문제가 심각

---

3 이진모, 『개혁을 위한 연대』(한울, 2001) 참조.

했던 사회민주주의와 공산주의의 관계, 1946년 소련 점령 구역에서 궁극적으로는 강압과 속임수에 의해 관철된 사민당과 공산당의 강제 통합(사회주의통합당SED: Sozialistische Einheitspartei Deutschlands으로의 단일화를 가리킨다. 이는 수년 뒤 공산주의 정예정당Kaderpartei으로 변한 SED와 서독 사민당 사이의 관계를 결정했다)도 사민당 역사에 속한다. 어떤 정당과 집단 들이 사민당 안으로 들어왔는지를 살펴보는 것도 당연히 관심사이다. 사민당은 군집 정당이 아니었지만 좌파자유주의자, 훗날에는 전독일민족당Gesamdeutsche Volkspartei 대부분도 합류했다.

4. 당의 역사(전국적 차원)에서 사민당은 바이마르 시절인 1918~1922년과 1928~1930년, 그리고 서독 시절인 1966~1982년과 통일 이후 1998~2009년을 제외하면 대부분의 세월을 야당으로 존재했다. 따라서 사민당이 집권당이 되기까지의 험난한 길과 정권 유지의 어려움은 각별히 살펴봐야 한다. 독일 사회와 정당 체제 안에서 사민당이 처한 상황, 기타 정당들과의 관계나 정부 구성을 둘러싼 정당 간 협상들도 여기서 함께 고찰되어야 한다. 다른 정당이나 여론이 사민당에 대해 갖고 있던 이미지도 사민당에 대한 그들의 적대적인 전략을 파악하기 위해 중요하다. 마지막으로 국제주의 정당인 사민당이 이웃 국가들의 자매 정당들[4]과 어떤 관계를 이루었는지, 사회주의 인터내셔널에서 수행한 역할은 무엇이었는지도 조명해야 한다. 독일

4 사회주의, 사회민주주의 계열 정당을 말한다.

독일 사회민주당의 깃발 위쪽에는 사민당의 기본 정신인 "자유, 평등, 우애"가, 아래쪽에는 "뭉치면 강해진다!"라는 구호가 씌어 있다.

사민당의 역사는 유럽 노동운동의 역사와 긴밀하게 연결되어 있기 때문이다.

오늘의 시점에서 전체적으로 조망할 때 사민당의 역사는 독일에서 사민당이 금지되고 망명지에서 겨우 명맥을 이었던 나치 시대 때문에 단절된 커다란 두 시기, 다시 말해 나치 시대 이전과 이후로 구분될 수 있다. 나치 시대에 망명 사민당은 처음에는 프라하, 나중에는 런던에 머물렀다. 이러한 시기 구분의 의미는 상세히 살펴봐야 한다.

궁극적으로 오늘날 사민당의 정체성은 무엇인가, 그리고 150년에 걸친 역사는 우리에게 어떤 의미를 주는가 라는 문제가 제기된다. 현재 노동운동은 역사학 분야의 주 관심사가 아니다. 전후 노동운동이 최대의 성과를 이루었던 1960/70년대와 달리 말이다. 하지만 당시와 상황이 아무리 달라졌다 할지라도 노동운동에 관련된 여러 논의를 종합하고 정치적·사회적·문화사적 측면에서 연결해보는 작업은 여전히 필요하다.

02

사회민주당의 태동기

어떤 사건을 사민당의 창당 시점으로 볼 수 있을지에 대해서는 오늘날도 이견이 분분하다. 이는 앞으로 사민당이 어떤 비전을 추구해야 하는지와도 연관되어 있기 때문이다. 대부분의 경우 라이프치히에서 전독일노동자협회ADAV: Allgemeine Deutsche Arbeiterverein가 설립된 1863년 5월 23일을 창당일로 간주한다. 여기에는 분명히 충분한 근거가 있지만 사민당의 창당 시점은 최소한 좀 더 커다란 맥락에서 조명되어야 한다.

사민당 창당은 독일에서 산업화가 대단위로 진행되던 시점, 그로 인해 사회문제가 새로운 양상과 심각한 국면에 도달하던 시점에 이루어졌다. 동시에 '뒤늦은' 민족국가 수립이 결정적인 단계에 이르렀던 시점, 그래서 의회제 참여민주주의 방식을 수반하는 헌법국가로의 이행이 뜨거운 화두였던 시점에 이루어졌다. 다시 말해 독일이 다양한 문제에 휩싸였던 그런 때였다.

여기에서 주목할 만한 사실은 독일 사회민주주의 정당의 창당 시점이 다른 유럽 국가들, 예를 들어 영국, 프랑스, 이탈리아에 비해 현저히 앞섰다는 것이다.

사회민주당의 창당

사민당 창당은 계몽시대 및 프랑스 혁명과 함께 촉발된 유럽의 해방 프로세스 안에 자리매김될 수 있다. 그런 의미에서 1848년 혁명은 독일 사회민주주의의 서막으로, 1960/70년대는 그 태동기로 지칭할 수 있을 것이다.

1848/49년의 혁명 와중에 독일의 국가 체제와 내부 사회가 함께 크게 동요되었으며, 거기에서 곧바로 새로운 구조가 탄생되지도 않았지만 어쨌든 국가적인 차원에서 소통의 틀이 지속적으로 형성되었다. 바로 이 시기에 이미 3월혁명 이전Vormärz 또는 3월혁명기에 대두했던 노동자협회, 노동자교육협회들도 점차 강하게 목소리를 내기 시작했고 특히 국민회의Volksversammlungen에서도 그런 현상이 발생했다. 1848년 4월 베를린에서 인쇄소 식자공 슈테판 보른의 주도 아래 노동자중앙위원회Central-Comité der Arbeiter가 태동했으며, 8월 23일에는 전독일노동자대회Allgemeine Deutsche Arbeiter-Kongress가 소집되었다. 이날 전독일노동

자형제회Allgemeine (Deutsche) Arbeiterverbrüderung로 명명되고 라이프치히에 본부를 둔 노동자협의회가 창립되었다. 그들은 정치적-사회적 개혁운동으로서 전반적인 정치·사회적 목표를 추구했지만, 도제나 소(小)장인을 위해 지원 기금을 모금하는 일도 추진했다. 그러다가 혁명 이후 반동反動 세력의 득세로 인해 노동자형제회 존속을 위한 전제조건이 사라졌다.

프로이센 시대에는 민족국가 수립을 추구하는 이탈리아의 정세 변화에도 영향을 받아 '새 시대'가 열리면서 시대 정서가 변하는 모습을 보였다. 새로운 민족운동이 대두했으며 동시에 이와 부분적으로 관련된 노동자협회도 등장했다. 이들은 1862년 이래 부르주아적·자유주의적 후견/감독이라는 현실에 대항해 스스로를 지키는 활동을 시작했으며, 그 결과 독립적으로 존재하던 노동자협회들을 통합하려는 요구를 제기했다. 이 상황에서 제화공 장인 율리우스 발타이히Julius Vahlteich와 연초공 프리드리히 빌헬름 프리체Friedrich Wilhelm Fritzsche가 이끄는 라이프치히 위원회의 다수는 (1862년 봄, 연설과 출판물을 통해 '당시 역사 시기와 노동자 신분이 처한 비정상적 상황 사이의 특별한 관계에 대해' 지적한 바 있는) 언론인 페르디난트 라살레Ferdinand Lassalle에게 당시 상황에 대한 입장을 정리·발표해줄 것을 요청했다. 이에 따라 라살레는 1863년 3월 1일 '공개 답신'이라는 글을 통해 자신의 입장을 밝혔다. 이 글에서 라살레는 노동자들이 처한 정치적·사회적 상황의 개선을 위한 그의 구상을 밝히고, 독립된 노동자 정당의 필요성을 역설했으며, 나아가 보통선거권과 국가적 지원을 받는 노동자생산조합의 설립도 강한 어조로 요구했다. 개별 노동자협회의 연합체는 1863년 5월 23일 11개의 지역 대의원들에 의해서 ADAV라는 이름으로 결성되었으며 라살레가 초대 위원장으로 선출되었다. 라살레는 이 단체를 급진민주주의운동으로 구상했으며 거의 독단적으로 이를 이끌었다.

ADAV의 창립자 페르디난트 라살레

그러나 ADAV는 라살레가 생각했던 것처럼 빠르게 성장하지는 않았다. 1864년 말 약 4600명의 회원이 가입했다. 라살레는 한 여성을 둘러싼 결투 때문에 일찍 사망했는데, 그의 이른 사망으로 이 조직은 매우 심각한 타격을 받았다. 민주적인 노동운동 지도자의 죽음으로 보기에는 매우 낯선 죽음이었지만, 그의 죽음은 후계를 둘러싼 격렬한 대립을 초래했으며 그 과정에서 라살레에 대한 곡해와 신화화가 초래되었다. 이 갈등에서는 그레핀 폰 하츠펠트Gräfin von Hatzfeldt를 중심으로 하는 그룹과 당 기관지 ≪사회민주주의자Sozialdemokrat≫를 둘러싼 그룹이 대결했고, 결국은 후자에 속했던 요한 슈바이처Johann Baptist von Schweitzer가 승리했다. 그러나 한편에 중앙지도부 중심적인 경향, 다른 한편에 당 하부의 조직민주화를 우선시하는 경향 사이의 심각한 내적 긴장은 작센과 라인란트에 지역적 중심을 가지고 있던 ADAV에 커다란 부담이 되었다. ADAV가 주도했던 노동조합 결성에서도 문제가 있었다.

한편 ADAV 외에 또 하나의 창당 움직임이 있었다. ADAV와 마찬가지로 노동자협회들이 모여 만든 그룹VDAV이었던 이들은 좌파자유주의와 연결되었으며, 1868년부터는 작센 민주주의인민당Demokratische Sächsische Volkspartei에 근접한 노선을 표방했다. 이들은 1869년 8월 9일 창당 총회를 열어 사회민주주의노동자당SDAP을 출범시켰으며 이후 창당 총회가 열린 도시 아이제나흐[1]를 본떠 '아이제나흐 진영' 노동운동이라고도 지칭되었다. 아우구스트 베벨August Bebel과 빌헬름 리프크네히트Wilhelm Liebknecht라는 지도적 인물이 소속된 SDAP는 작센, 튀링겐, 뉘른베르크-퓌어트, 브라운슈바이크, 뷔르템베르크 지역에 조직의 거점이 있었던 반면, ADAV는 북독일, 프로이센 중심부, 함부르크, 베를린, 라인란트에서 계속 주도적 입지를 가지고 있었다. SDAP는 자유로운 인민국가의 건설 그리고 ADAV의 경우와 마찬가지로 정치적·사회적 요구와 밀접한 관련이 있는 보통·평등·직접 선거권을 요구했다. 민족문제에 대해서는 양자가 뚜렷한 입장 차이를 보였다. 라살레 진영은 프로이센적-소독일주의 해결 방식을, 아이제나흐 진영은

1 마르틴 루터(Martin Luther), 요한 제바스티안 바흐(Johann Sebastian Bach) 등의 연고지로 유명한 독일 중부 튀링겐 주의 유서 깊은 도시이다.

고타 전당대회 포스터(1875년) 사민당의 전신 ADAV와 SDAP의 역사적인 합당이 이루어졌다.

대독일주의적-연방제 방식을 선호했다.

1870년대 양당의 관계는 날카로운 대립과 충돌로 점철되었다. 물론 양당은 엘자스·로트링겐 병합에 대한 반대를 표명하고 파리코뮌에 대한 지지를 선언하면서 모두 비스마르크의 제국 건설이나 비스마르크적 정치와 대립 구도에 빠졌다. 그로써 ADAV와 SDAP는 국가적인 압박에 직면했다. 이러한 압박 경험과 아래로부터 점점 증가하는 통합 압박, 선거연합이 가져다준 긍정적 결과들은 양당의 협력을 용이하게 만들었으며 결국 1875년 5월 23~25일, 고타에서 열린 통합전당대회로 이어졌다. ADAV 회원 1만 5322명을 대표하는 ADAV 진영 대의원 74명과 SDAP의 9121명 회원을 대표하는 SDAP 진영 대의원 56명이 함께 모여서 독일 사회주의노동자당을 창당했다. 그들은 양당의 노선을 재확인할 수 있게 해주는 공동 강령인 고타 강령을 채택했다. 민족문제에서의 견해 차이는 그간의 정치 변화를 통해 의미가 없어졌다. 마르크스가 비판적으로 공격했던 이 고타 강령은 "모든 정치적·사회적 불평등의 제거" 같은 적지 않은 문제를 제기했으며 노동시간에 대한 법적 제한, 임금 인상, 노동보호 규정, 어린이 노동 금지, 집회·결사의 자유 같은 무제한적인 단체행동권 등 사회적 요구 사항을 제기했다. 고타 강령이 포함한 정치적 요구 사항에는 보통·평등 선거권과 직접민주주의적 요소를 포함한 정치적 민주주의 등이 있었다.

사회적 기반과 정치적 목표

1860년대 사민당 창당 과정의 주역들은 (토마스 벨스코프가 밝혀냈듯이) 더 이상 과거 길드 제도로의 복귀를 목표로 하지는 않지만 자본주의의 침투에 위협을 느끼던 수공업 도제와 소장인이었다. 창당은 물론 단순히 이익집단을 구성하려는 이들의 시도로 이루어진 것은 아니었다. 그들은 수공업자가 시민이자 소생산자로서의 삶을 영위할 수 있게 해주는 새로운 민주적 질서를 추구했다. 여기에서 노동자 개념은 매우 흐릿하고 광범위하게 인식되어 육체노동을 하는Handarbeitende 국민 대다수가 노동자로 파악되었다. 따라서 노동자는 '실제 국민'이었으며 이렇게 볼 때 사민당은 출발에서부터 (좁은 의미의 노동자 정당이 아니라—옮긴이) 국민정당이었다.

임금노동은 급속히 확산되었지만 그 시기에도 사민당의 핵심 집단은 수공업자와 산업 숙련공이었다. 분명 사민당은 19세기 내내 미숙련공 다수에게 다가갔지만 20세기에 들어와서도 사민당 지도부에서 눈에 띄게 강한 비중을 차지한 것은 수공업자와 산업 숙련공이었다. 아우구스트 베벨August Bebel, 빌헬름 하젠클레버Wilhelm Hasenclever, 프리드리히 에베르트Friedrich Ebert, 빌헬름 카일Wilhelm Keil, 오토 벨스Otto Wels, 파울 뢰베Paul Löbe 등이 모두 이 그룹에 속했다. 그런데도 많은 노동자는 단지 노동조합 활동, 파업, 각종 쟁의행위에만 동원될 수 있었다.

물론 당에서 지도적 역할을 담당한 인물 중에는 처음부터 부르주아 출신의 고학력 지식인도 있었다. 초기의 경우 페르디난트 라살레, 요한 슈바이처, 빌헬름 리프크네히트 등이 그런 인물이다.

1860년대 사민당 창당 시기에 막 활발하게 형성되어가던 노동운동에는 몇몇 '1848세대'가 일정 역할을 했다. 그들은 1848년 혁명과 사민당 창당을 연결하는 고리를 형성했던 것이다. 하지만 창당기에 적극적으로 활동했던 다수는 베벨(1840년생)과 같이 이들보다 젊은 세대였으며 창당기 사민당은 압도적으로 청년들의 정당이었다.

초기 사회민주주의자 다수(수공업자나 지식인 할 것 없이)는 정치적·지적으로 진보적인 서방 세계와 접촉했던 인물들이며 그렇기 때문에 이들은 서방 사상의 중개자 역할을 수행했다. 하지만 급속한 산업화와 함께 노동자의 동질화 과정이 시작되었는데 이것이 계급 형성을 용이하게 만들었다. 물론 여기서의 계급 형성은 자연 발생적으로 이루어진 것이 아니고 노동운동이 노력한 결과였으며 노동운동이 추구하는 정치적 목표가 무엇인지는 아직 불분명하고 논쟁거리였다.

국내 정치나 조직 정치 문제뿐 아니라 이론 문제에서도 사민당 내부의 두 흐름 사이에는 이견이 있었다. 예를 들면 라살레는 임금은 결코 프롤레타리아의 생존에 필수적인 수준을 넘지 않는다는 '임금철칙설ehernes Lohngesetz'을 주장했다. 아이제나흐 진영은 이 법칙에 동의하지 않았지만 고타 강령에 수용되었다.

여기서 중요한 것은 초기 사회민주주의자들의 두 가지 성향의 요구가 이 강령 안에 조합되었다는 사실이다. 그들은 한편으로 보통선거권, 국민의 입법권, 배심원 재판, 언론·출판·집회·결사의 자유 등 민주주의를 관철하려고 시도했고, 한편으로는 주당 정상노동시간제 도입, 일요일 노동이나 어린이 노동 금지, 노동자 생명과 건강 보호법, 생산협동조합 설립 등을 통한 노동하는 국민의 현실 상황 개선 등을 시도했다. 이처럼 사민당은 그동안 상징적으로 보존해왔던 1848년 혁명의 전통을 계승하고 실천으로 옮긴 민주적인 국민정당인 동시에 특히 사회문제를 해결하기 원했던 제4신분의 정당이기도 했다.

그런데 사회변혁을 위한 총론적인 청사진(고타 강령 안에 언급된 노동자와 노동자계급의 해방)과 구체적이고 각론적인 개혁 요구 사항들 사이의 긴장은 사민당의 또 다른 기본 궤적을 암시하고 있었다. 유토피아주의와 구체적 개혁주의 사이의 대립이 그것이다.

자유주의와의 결별, 시기상조였나?

독일 노동운동은 다른 나라와 비교할 때 두 가지 사실에서 특이하다. 하나는 정당이 비교적 일찍 출현했다는 사실이다. 다른 나라의 경우, 대부분 자유주의로부터 독립적인 노동자 정당이 19세기 말 또는 그 후에야 비로소 결성되었다. 또 하나는 정치적인 정당이 노동조합에 앞서 결성되었다는 사실이다. 즉, 정치적 측면이 지배적이었기 때문에 노동조합은 주로 정당에 의해 조직되었으며, 노동조합이 독자적인 노선을 추구하는 과정은 이후 점진적이고 단계적으로 이루어졌다.

이런 특이한 발전의 원인은 무엇보다 다음 사실에서 찾아볼 수 있다. 우선 독일의 경제·사회관계는 1850년대까지 다른 서방 국가에 비해 낙후되어 있었다. 그리고 준전제적이고 입헌군주적인 국가에 의해 지배되고 있었기 때문에 오직 정치적 행동을 통해서만 변혁될 수 있었다. 동시에 서방의 정치사상이 수입됨으로써 독일 사회가 정치적·

지적으로 조숙해진 것을 확인할 수 있는데, 이 현상은 사민당에서도 나타났다. 거기에 독일 부르주아 계층의 독특한 역사, 특히 자유주의적 부르주아지의 상대적 약세도 장애물에 속했다. 독일의 부르주아 계층은 전통적 지배층에 맞서 자신들의 이익을 관철시키는 데 애를 먹었다. 정치적으로 부르주아 계층, 특히 부르주아 민주주의는 1848/49년 혁명의 실패를 통해 지속적으로 약화되었다. 그 결과 부르주아 계층은 점차 비스마르크에 의해 확립된 정치·사회 구조를 받아들였다. 그렇기 때문에 서방 세계에서 민주화를 위해 부르주아 민주주의 세력이 담당했던 역할이 독일에서는 사민당에 의해 수행되어야 했다.

이러한 구도에서 독일 사민당은 자신이 1848년 혁명의 상속자라고 보았다. 그들은 국가와 사회의 포괄적 변혁이라는 이중 과제를 짊어졌다. 그들은 민주적 개혁과 사회적 개혁을 추구하는 정당이었다. 하지만 바로 정치적·사회적·문화적으로 고도로 분화되었던 정치 문화에 직면해(비동시적인 것들의 동시적 공존, 즉 새로 대두된 근대적 요소와 구시대로부터 물려받은 국가적·지방적 요소의 동시적 공존과 대립되는 사회도덕적 정서의 공존이 이 정치 문화의 특징이었다) 아직 여러 측면에서 이론적 노선이 최종적으로 정리되지 않은 채 민주적 가치와 사회적 가치를 동시에 추구했던 사민당은 기존 정치권에 쉽게 받아들여지지 않았다. 1878년 비스마르크 치하 사민당이 받은 거센 탄압이 이를 잘 보여준다.

압제 국가에 의한 탄압

사민당은 1870/71년 비스마르크의 정치에 대해 부정적인 입장이었으며 체제 비판적인 야당이 되었다. 베벨은 1871년 5월 25일에 제국의회의 엘자스·로트링겐 병합과 파리코뮌을 둘러싼 토론이 진행되었을 때 발표한 자신의 첫 대연설에서 사민당의 기본 입장을 천명했는데 민주주의와 공화주의 그리고 군주제 국가 체제에 대한 거부가 그 핵심이었다. 비스마르크는 훗날 이 연설을 사민당에 대한 자신의 입장, 즉 사민당이 국가에 대한 위협적이고 전복적인 성격을 띤 정당이라고 확신하게 한 핵심 경험이었다고 회고했다. 비스마르크는 빌헬름 황제에 가해진, 그리고 불행하게도 사민당이 책임을 뒤집어쓴 두 차례의 테러 공격을 빌미로 삼아 사민당을 탄압하기 시작했으며 '사회민주주의의 국가 위협 기도 진압을 위한 법률(일명 사회주의자법)'을 제국의회에 제출했다. 이 법률은 1878년 10월 통과되어 3년간 한시적으로 적용되었다가 세 차례 연장된 끝에 1890년 9월에야 폐지되었다.

이 법에 근거해서 사민당 조직과 사민당에 우호적인 노동조합 및 그들이 발행하는 신문과 잡지가 금지되었다. 수많은 사민당원이 공공 안녕에 대한 위협이 우려되는 인물군으로 분류되어 그들의 거주지와 거주 지역에서 추방되었다. 나아가 많은 사회민주주의자가 사회주의자법 위반과 황제 모욕이란 구실로 징역형에 처해졌다. 물론 사민당은 헌법의 토대 위에서 계속 제국의회 선거에 참가해 제국의회 의원을 배출할 수 있었다. 사회주의자법이 제정된 이후 제국의회 선거에서 사민당의 득표수는 잠시 감소했다가 곧바로 다시 증가했다. 비스마르크는 사민당을 제거하는 데 실패했다.

사회주의자법은 사민당에 대한 멸시와 배제를 초래했으며 이는 사민당이 국가에 대해 보인 정치적·사회적 이견에 대한 형법적 단죄였다. 이러한 조치는 사회주의자법이 폐지된 후에도 사민당에 심각한 후유증을 남겼다. 오랜 세월 사민당은 '제국의 적', '조국 없는 무리들'로 여겨졌다.

탄압기에 활동을 계속하기 위해 사민당은 지하조직, 대체 조직, 국외 본부로 이루어지는 네트워크를 설립했으며 국가적인 조치에 맞서서 결연하게 대응했다. 그 결과 기존 정치체제에 대한 거리감은 계속 증폭되었다. 베벨의 회고록을 보면 당시 추방 조치에 대한 분노 같은 것이 녹아 있다.

> 나는 국가가 우리를 마치 방랑자들이나 범죄자들처럼 추방하고, 법적 절차도 없이 아내와 자식들로부터 떼어놓은 것을 치명적인 모욕으로 느꼈다. 만약 내게 힘이 있었으면 꼭 보복하고 말았을 그런 모욕이었다.

사민당의 근본적인 야당성은 사회주의자법 아래에서 굳어졌다. 1880년 스위스 비덴에서 열린 망명전당대회에서 그들은 자신들의 활동 방침과 관련해 고타 강령에 명시된 "합법적으로"라는 대목을 삭제했다. 이는 그들이 정부의 금지령에도 불구하고 정치 활동을 계속하겠다는 의미였다. 금지 기간에 당과 주요 대표자들, 당 이론가들이 마르크스주의를 수용했다는 사실도 향후 당의 발전과 관련해 매우 지속적인 의미를 지닌 것이었다. 왜냐하면 마르크스주의는 어떠한 탄압 조치에도 불구하고 노동자계급과 사회주의가 결국 승리할 것이라는 '과학적인' 명확성을 제공해주는 듯 보였기 때문이다. 또한 마르크스주의는 기독교적 구원의 역사 같은 미래 전망을 열어주며 일종의 세속화된 종교 내지 종교 대용물 같은 기능을 발휘했다. 그러나 동시에 사민당 소속 제국의회 의원들은 그들의 개혁적 의정 활동을 계속 전개해 이론적 측면에서는 급진화되었지만 현실적 영역에서는 구체적인 개혁 활동이 그들의 실제 활동 내용을 좌우했다. 그 결과 사민당에서 이론과 실천 사이의 긴장이 점점 고조되었다.

그러나 국가의 탄압 정책은 어쨌든 사회민주주의적 정서 형성에 기여했다. 사회민주주의자들은 서로 의지해야 했으며 네트워크와 상호 소통이 필수적이었다. 사회주의자법이 폐지된 이후, 궁극적으로는 아무것도 그리고 어떤 탄압도 사회민주주의를 멈출 수 없을 것이라는 생각이 관철되었다. 사민당은 점점 이 탄압 시대를 영웅적인 투쟁기로 미화하고 신화화하기 시작했다. 이것은 자기 이해와 자신의 행동에 대한 역사적 정당화를 위해서 중요한 부분이 되었다.

사민당은 창당기와 그 뒤를 이은 사회주의자법 탄압 시기로부터 이후 오랫동안 당에 영향을 미치게 된 일련의 특성을 물려받았다.

- 사민당은 체제 비판적인 야당으로 탄생하고 발전했다.
- 그들의 목표는 부르주아적 자유주의에 맞서는 방향으로 나아갔으며 이것은 자유주의 정당과의 연정을 어렵게 했다. 그러나 동시에 사민당은 초지일관 민주주의라는 목표를 추구하는 유일한 정당이었다.
- 사민당은 약간의 부르주아적 요소가 포함된 국민정당인 동시에 산업화 동안 형성된 노동자계급의 정당이었다.
- 사민당은 사회의 근본적·혁명적인 변혁을 촉구하는 목표를 현실에서 그들의 활동을 지배하고 있던 개혁주의적 실천과 결합했다.
- 사민당은 그들의 방향성에서 국제주의적 입장을 애국주의적 신념과 결합했다.

어쨌든 사민당의 탄생과 초기 발전 그리고 이에 대한 정치권과 사회의 반응, 무엇보다 비스마르크의 억압 정치는 (그가 추진한 미래지향적인 사회복지 입법에도 불구하고) 독일제국을 안정시키는 데 실패했을 뿐 아니라, 독일제국이 처음부터 엄청난 내적 갈등을 겪는 데 기여했다.

03

사회민주주의 대중정당의 형성

당 조직, 선거 결과의 발전, 정치제도 내에서의 사민당의 역할

사회주의자법이 폐지된 후, 그리고 1890년대 중반 경제성장이 강력하게 진행된 이후, 사민당은 점점 더 성장했으며 노동조합도 마찬가지였다. 이는 사민당을 빌헬름 제국 최대 정당으로 만든 당원 수 증가나 선거 결과에서 읽어낼 수 있다. 그러나 (외국의 관찰자들이 특히 주목했던 것처럼) 정당이 궁극적으로는 실제 권력의 앞마당에 머물고 있던 입헌군주제 내에서 그들의 영향력은 제한적이었다. 라살레 진영과 아이제나흐 진영이 결합한 1876년에 약 3만 8000명이었던 사민당원 수는 사회주의자법 아래에서 전반적으로 증가하다가 1890년에는 약 10만 명을 기록했다. 1907년까지 당원 수는 약 50만 명으로 증가했으며 이는 제1차 세계대전까지 다시 두 배로 늘어났다(1914년 기준 당원 1100만 명, 노동조합원 2500만 명). 당원 수가 매우 많았기 때문에 유권자 가운데 당원이 차지하는 비중도 매우 높았다. 이는 지지 유권자들과 사민당의 단단한 결속에 얼마나 중요한 의미가 있는지 깨닫게 해주는 사실이다.

사민당에 대한 지속적인 정치적·사회적 멸시에도 불구하고 제국의회 선거 결과의 발전도 인상적이었다. 1877년에 50만 표(9.1% 득표), 1890년에 이미 1400만 표(19.7%), 1912년에는 4250만 표를 얻었다. 이는 득표수의 34.8%로 전체 유권자의 1/3 이상이 제국의회 선거에서 사민당을 선택했다는 것을 의미했다.

사민당에는 평균 이상으로 많은 지지자가 모여 있는 아성牙城 같은 지역이 있었다. 하지만 그 밖의 다른 지역에서는 평균 이하의 지지밖에 얻지 못했다. 1875년 사민당의 거점 지역은 수공업 전통이 강한 개신교 공업지대였으며, 중공업 분야 노동자 같은 특정 집단에서는 아직 충분한 지지를 얻지 못했고, 농촌 노동자의 경우는 사민당 지지도가 더 낮았다. 1890년 이후의 사민당의 중심지는 함부르크, 브레멘, 뤼베크, 슐레스비히홀슈타인, 베를린, 안할트, 작센, 튀링겐이었다. 반면 동서 프로이센과 엘자스·로트링겐, 자를란트에서는 지지도가 평균 이하에 머물러 있었다. 사민당은 가톨릭과 농업 중심 지역에서는 여전히 어려움을 겪었다. 당원들은 광산·제철·섬유·식품 분야보다는 주로 건설·금속제조·기계주조 분야에서 나왔다. 왜냐하면 이 분야 노동자들은 기숙사 같은 집단 거주지에 모여 살았으며, 수공업적 직업훈련 방식에 의해 작업 현장에서 서로 밀접하게 교류하며 지냈기 때문에 입당 권유가 확실히 용이했던 것이다. 1890년대 당원들은 대부분 젊은 청년층으로, 21~30세가 34.6%, 41~60세가 23.3%였다(헬가 그레빙Helga Grebing의 분석 결과). 협회법 개정에 따라 여성들의 당원 가입이 허용된 1908년에도 여성 당원의 비중은 매우 낮았다.

사민당의 거점 지역은 주민 가운데 노동자 비중이 높은 도시, 예를 들어 1884년 선거에서 사민당이 이미 50% 이상을 득표했고 1898년에는 60% 이상 얻었던 도시들이었다. 작센에서는 1903년에 이미 58.5%를 얻었으며 베를린에서는 1877년 39.2%에서 1913년 75.3%로 득표율이 증가했다. 작센, 베스트팔렌, 라인란트에서도 득표율 증가를 달성했다. 하지만 제1차 세계대전 이전에 이미 득표율 증가에서 한계가 드러났고 전국 득표에서 50% 이상을 달성하려 했던 사민당의 기대는 요원해졌다. 중공업 지대인 루르 지방에서 단행된 광산노동자 대파업은 사민당이 이 지역에 뿌리내릴 수 있게 기회를 주었지만 중공업 분야 노동자층이나 미숙련 노동자층이 많은 지역을 파고드는 것은 쉽지 않음이 드러났다. 가톨릭 노동자들은 중앙당Zentrum에 의해 여러 겹으로 조밀하게 조직되어 있어서 사민당의 접근이 어려웠다. 사민당의 (무신론적—옮긴이) 종교관은 기독교와 다양하게 연결되어 있던 노동자들에게 장애물이었다. 사민당과 자유사상Freidenker운동의 친밀한 관계, 그리고 교회의 공공적 기능을 부인하는 사민당의 노선도 장애물이었다. 이 장애물은 그렇지 않아도 압제 국가와 밀접하게 결속되어 있었으며 1789년의 계몽사상과 근대 민주주의에 현저한 괴리를 느끼고 있던 교회가 사민당에 선전포고를 하도록 자극했다. 사민당은 산업화와 긴밀하게 연결되어 있었기 때문에 농촌노동자Landareiter는 목표 그룹으로 삼지 않았고 그 결과 이들에 대해서는 진정성 있는 접근을 시도하지도 않았다. 마르크스주의적 이데올로기 역시 사민당이 산업 프롤레타리아에 집중하도록 했다.

정당제도 내에서도 사민당은 그의 엄청난 성장에도, 혹은 바로 그 엄청난 성장 때문에 전체적으로 고립되어 있었다(그들의 급성장은 부르주아 진영의 우려와 공포를 초래했다). 사민당은 빌헬름 제국 시대에도 질서를 위협하는 세력으로, '조국 없는 무리들'의 정당으로 낙인이 찍혔다. 후자와 같은 평가는 민족주의가 우세하던 시대에는 치명적인 오명이었다. 따라서 사민당에 반대하는 연합전선의 결성이 일상사였다. 이는 (지역선거구들의 불균형 문제는 차치하고라도) 제국의회 선거의 결선투표에서 사민당에 불리하게 작용했다. 사민당 후보들은 1차 투표는 통과했다고 해도 결선 투표에서 반反사민당 연합전선에 부딪혀 겨우 몇 안 되는 소수만 승리할 수 있었다.

그렇다고 해도 남독일 지역에서는 사민당에 대한 단순한 배척 정책을 포기하는 경향, 나아가 사민당과의 연정을 더 이상 배제하지 않으려는 경향이 있었다. 1910/12년 바덴에서는 사민주의자 베벨부터 자유주의자 에른스트 바서만Ernst Bassermann(제국의회 의원, 부르주아적 자유주의에 속하는 민족자유당 대표를 지냄)까지 포함하는 사민주의-자유주의 선거 제휴(블록)를 체결하려 했던 시도가 있었는데 바로 그 경향이었다. 제1차 세계대전 이전의 바이에른 사민당도 (보수적인—옮긴이) 주정부의 예산안에 대해 더 이상 무조건 반대하지 않았다. 이 경우 정치적인 실마리와 개혁적인 실마리를 살리고자 노력한 사민당과 자유주의 진영 모두 사민당의 아성인 북독일 지역과는 다른 방식으로 행동했다. 또 다른 사례를 들자면 학계와 같이 동시대의 계몽된 부르주아 계층 가운데 사민당에 대해 단순한 흑백논리를 넘어서 세분화된 평가를 시도하려는 목소리가 증가했다.

당이 성장하자 결과적으로 부르주아 정당보다 근대적이고 포괄적이면서도 동시에 독일 사회민주주의가 처한 특수한 상황을 반영하는 조직이 형성되었다. 사민당은 당원 총회, 회비 납부의 밤, 축제, 독자적인 언론 등 다채로운 방식으로 당원들을 당의 활동에 참여시키는 정당으로 발전했다. 사민당은 이미 빌헬름 제국 때 당 언론 기관을 구축했으며 1912년에 총발행 부수가 140만 부에 달하는 94개의 신문을 보유했다. 기존 정치권에 의한 사민당 배척을 통해 초래된 당내 소통의 강화(단결), 즉 (당대회에 파견할 대의원 선거를 통한) 정치적 의사결정 과정에 대한 평당원의 참여는 당과 당원의 일체감이 형성되는 데 기여했다. 당은 많은 이들에게 '고향'이나 '가정'과 같아서 충성심을 자극하고 참여 의지를 유발했다. 그렇기 때문에 많은 당원들에게 당은 우선순위 대상이었고 당의 존재 자체가 엄밀히 말해서 점점 사회적인 의미를 지닌 자체 목적sozialer Selbstzweck이 되어갔다.

당의 체제 구축은 이미 빌헬름 제국 시기에 '과두제'라는 용어를 사용하며 비판적으로 토론되었던 조직 작업이 남긴 주목할 만한 성과였다. 당 조직은 제1차 세계대전 이전에 지역 최소 단위로부터 시연맹을 거쳐 지역연맹, 나아가 연방 차원의 조직에 이르는 여러 단계로 이루어져 있었다. 수많은 자원봉사 당직자가 사민당을 위해 활동했다. 하지만 1890년대 이래 상임 당직자들로 이루어진 조직들이 등장했다. 당 정기간행물에 글을 쓰는 지식층, 당 기관지 편집장들, 당 조직 관리를 위해 활동하는 약 150~200명의 유급 직원이 여기 속했다. 추가로 약 1000명 정도 다양하게 자리 잡은abgesichert 당직자들이 당의 하부 조직에서 편집위원이나 노동조합 간부로 활동했다. 그리고 사민당 당적이 있는 많은 음식점 주인이 현장에서 중요한 역할을 수행했다.

당직자들의 수입은 분명히 일반 노동자들보다 높았다. 하지만 이미 제1차 세계대전 이전에 언론에서 토론되었던 당의 '과두제화'나 '부르주아화' 현상은 지나치게 과장된 것이었다. 물론 베벨 세대에서 에베르트 세대에 이르면서 당직자들의 유형이 변했다. 에베르트 세대는 자신들의 입장을 잘 대변할 수 있는 영리한 활동가이기는 했지만 더 이상 초창기 창당 세대의 대표인 베벨이 보여주듯 정치적 미션에 대해 사명감에 가득 찬 인물들은 아니었다.

베벨은 제1차 세계대전 이전 수십 년 동안 논리 정연한 연설 방식으로 당시 쟁점 현안들에 대해 논쟁을 벌였지만 그와 동시에 미래국가의 비전 선포자로도 나섰던 카리스마 있는 지도자였다. 1879년 출간한 『여성론Frau und der Sozialismus』에서 이미 그는 하루 세 시간씩만 일하는 미래사회의 유토피아를 구상했다. 베벨은 많은 노동자에게 마치 구세주와 같았다. 많은 노동자의 방에 마치 독일 황제와 비교될 수 있을 것처럼 그의 초상화가 걸려 있던 일은 노동자들이 얼마나 그를 존경했는지 알 수 있게 해준다. 베벨은 제1차 세계대전 이전 시기에 당의 상징인 동시에 당을 통합하는 인물이었다. 그는 혁명적인 구원의 희망을 상징했던 동시에 현재를 실용적으로 개혁하는 작업을 구현하는 인물이기도 했다.

사회적 상황과 노동자문화운동

1890년대 이래 노동자의 동질화라는 의미에서 계급 형성 과정이 진전되었지만 동시에 새로운 산업과 서비스 관련 직종의 등장으로 인한 계급분화 과정도 진행되었다. 선거에서 사민당이 얻은 지지도는 점점 많은 수의 노동자가 사민당과 동질감을 갖거나 최소한 사민당이 자신들을 대변하는 것으로 느낀다는 지표였다.

그런데 사회민주주의 노동자들이 처한 사회적 상황의 특징은 양면적이었다. 그들은 한편으로 새로운 사회를 추구했지만, 다른 한편으로는 기존 사회를 구체적으로 개선하고 거기서 발생하는 소득을 분배받으려 했다. 배척과 동시에 분배 참여, 이러한 양면성을 잘 보여주는 징후가 바로 당 주변에 있는 조직들, 즉 노동조합, 협동조합(소비조합

등), 노동자 문화 조직이었다. 1896년 당의 교육 업무를 담당하는 중앙교육위원회가 설립되었다. 이 시기에 당의 사회민주주의 이론가들이 당직자들을 교육할 당 교육원Parteischule이 세워졌다. 노동자청소년운동도 등장했다. 무엇보다 사민당과 연관된 스포츠·여가 단체들이 조직되었다. 독일노동자합창클럽(1892), 자연의 벗(1895), 자전거동호회 '연대'(1896), 노동자수영클럽(1897), 노동자체조·스포츠연맹ATSB(1897년 이래), 자유독일조정클럽(1899), 노동자금욕주의자클럽(1903), 자유사상클럽Verein der Freidenker(1905), 노동자사마리탄클럽(1909), 노동자체스클럽(1912) 등이다.

사민당의 조직 담당자들은 이 조직들이 실질적으로 모든 노동자의 삶의 요람에서 무덤까지 늘 함께할 것으로 생각했다. 하지만 이같이 다채로운 노동자클럽문화는 사민당이 지배하는 거점 지역에서만 가능했다. 또한 이런 회민주주적인 '체제'가 완전히 자기 완결적으로 폐쇄적인 것도 아니었다. 이는 학교, 군대, 공장에서의 노동 등이 노동자들에게 미치는 영향을 생각해보면 된다. 물론 이러한 노동자 문화를 통해 노동자들의 광범위한 통합이 추구된 것은 사실이다.

좁은 의미에서 바라본 사회민주주의 문화 개념이 그랬던 것처럼 이 동자 단체들은 부분적으로 부르주아 문화를 지향했다. 그런데 이러한 부르주아 문화는 다른 작가들은 배제하고, 프리드리히 실러Friedrich Schiller와 같이 당시 높이 평가받던 리얼리즘 시인을 선택하면서 수용된 것이다. 노동자스포츠운동도 가능한 한 경쟁이라는 사고방식을 밀어내려고 시도함으로써 어떻게 해서든 독자적인 방향성을 가지려 노력했다. 하지만 부분적으로만 성공한 것이 분명했다. 전체적으로 보아 노동자문화운동이 부분적으로 대항문화를 추구한 것이 핵심이긴 했지만 동시에 사회민주주의나 부르주아 문화와 연결된 하위문화Subkultur와도 깊은 관련이 있었다.

사회적 구성상 빌헬름 제국 시기 사민당은 분명히 노동자들이 대부분을 차지하는 노동자 정당이었지만, 교사와 지식인, 일부 변호사층(그들 가운데는 유대인 출신도 있었다)에서도 공감을 얻는 노동자 정당이었다.

에르푸르트 강령과 노선 투쟁

1891년 10월 에르푸르트에서의 사민당 전당대회는 개최지 이름을 따라 '에르푸르트 강령'이라 칭해진 당 강령을 별다른 논쟁 없이 통과시켰다. 이 강령은 독일과 유럽 노동운동의 '고전적인' 기본 강령으로 일컬어지는데, 강령 중 특히 두 부분이 자주 강조된다. 카를 카우츠키Karl Kautsky가 집필한 앞부분은 사회민주주의 정치의 이론적 토대를 다뤘고, 에두아르트 베른슈타인Eduard Bernstein이 작성한 뒷부분은 민주주의라는 목표를 향한 여러 개혁과 조치, 구체적인 노동자 보호를 위한 개혁과 조치를 포함한 일련의 요구 사항을 제시했다.

강령 제1부에는 사회에 대한 분석이 제시되었는데 그 내용은 다음과 같다. 자본의 집중 과정은 불가피하게 소기업과 중산층의 소멸, 그

사민당 초기의 이론가 에두아르트 베른슈타인(왼쪽)과 카를 카우츠키(오른쪽)

리고 그로 인한 사회 양극화로 귀결될 것인데, 이 양극화는 결국 계급투쟁과 자본주의 생산양식의 위기를 초래할 것이다. 해결책은 오직 생산수단의 국유화에 있으며 이를 통해 프롤레타리아의 해방뿐 아니라 '현재적 상황에서 고통을 겪고 있는 모든 인간의 해방'이 이루어질 것이다. 그렇기 때문에 문제 해결을 위해 꼭 필요한 싸움은 정치적 성격을 지닌 싸움이며, 이 싸움은 노동자계급이 정치권력을 갖지 못하면 수행할 수 없다. 이로써 사민당의 역사적 과제와 전략의 커다란 윤곽이 정리되었다. "독일 사민당은 새로운 계급 특권이나 우선권을 위해 투쟁하는 것이 아니라 계급 지배 및 계급 자체의 폐지 그리고 성별과 출신에 무관한 모든 인간의 동일한 권리와 의무를 위해 투쟁한다." 이 부분은 의심할 여지 없이 과학적으로 포장된 구원을 약속한다는 점에서 마르크스와 엥겔스를 추종하고 있지만, 마르크스의 변증법을 포기하는 방식으로 마르크스의 이론을 단순화했다는 것도 간과할 수 없다.

제1부 다음에 나오는 요구 사항들은 민주주의적이고 사회적인 개혁정당의 구체적인 요구였다.

20세 이상의 국민에게 모든 선거에서 성별의 차이 없이 보통·평등·직접 선거권 부여, "입법 제안과 기피권을 통한" 인민의 직접적인 입법권 보장, 제국·국가·지역·마을의 자치행정 실시, 상비군 대신에 인민방위군 설치, 국가 방위를 위한 교육, 공법·민법 영역에서 남성에 비해 여성에게 불리한 모든 법률 폐지, 종교를 개인적인 선택 문제로 본다는 선언 존중, 학교를 종교로부터 독립시키는 정책 실시, 무상 교육 실시, 모든 공공 지출 지급을 위한 소득세와 재산세의 단계적 인상과 간접세 폐지.

그 외에 이제 언급할 것과 같은 구체적인 요구 사항들도 보여주듯이 사민당의 요구 사항들은 여러 가지 측면에서 급진민주주의적이기는 하지만 사회주의적 성격은 거의 아니었다.

국가적이고 국제적으로 효율성 있는 노동자 보호 조치(노동시간 문제도 여기 포함), 결사권 보장, '행정 업무에 노동자들이 대거 참여하는 방식으로' 제국이 전체 노동자 보험을 인수하는 것.

이 강령은 한편에 자본주의사회의 붕괴와 사회주의사회의 대두를 예측할 뿐 아니라 실질적으로 그렇게 만들기 위해 노력하는 이론이, 그리고 다른 한편에 급진민주주의적 개혁 정치를 향한 요구가 나란히 존재하는 것이 특징이었다. 이렇듯 두 가지 요소가 당 강령에 나란히 표현된 것은 많은 사회민주주의자가 볼 때 아마 서로 맞물린 조건 상황 때문이었다. 새로운 사회, 즉 유토피아에 대한 믿음과 현실을 개선하기 위한 구체적인 정치, 이 두 가지는 사회민주주의운동, 당 조직, 의회 내 당의 역할이 모두 중요하다는 신념을 통해 하나로 통합되었다. 그런데도 강령에 대한 해석과 그것을 근거로 시도되어야 할 전략에 관해서는 엄청난 논쟁이 펼쳐졌다. 논쟁 과정에서 좌파나 우파 모두 똑같이 강령을 비판한 것은 강령에 담긴 미확정성 때문이었다.

바이에른 주 사민당 위원장 게오르크 폰 폴마르Georg von Vollmar는 이미 1890년대 초에 확고한 개혁주의를 요구했다. 그 이래 사민당 소속 노동조합원들도 노동자의 생활수준을 개선하는 임금단체협상 같은 조치를 얻어내기 위해 강력히 매진했다. 협동조합제도나 사회민주주의적 지방 정치도 같은 방향으로 움직였다. 세기 전환기 이후 시기는 사민당에 '실천적인 개혁주의' 시대로 자리매김될 수 있다. 이 시기 사민당은 마르크스주의와 사회주의적 유토피아와의 연결을 근본적으로 배제하지 않으면서도 당시의 현실적인 정치적 역학관계를 정치의 토대로 인정하는 경향을 포함하고 있었기 때문이다.

이미 1899년 자유노조 전체위원회의 위원장 카를 레기엔Carl Legien은 노동조합대회에서 다음과 같이 설명했다.

> 노동조합에 조직된 우리 노동자들은 대혼란이 와서 온 사회가 폐허가 된 다음 그 위에 우리가 새로운 제도들을 만들어야 하는, 그런 상황을 원하지 않는다. 그것이 오늘날의 제도보다 더 좋거나 더 나쁘거나 중요

하지 않다. 우리는 혼란 없이 점진적으로 발전하기를 원한다.

그런데 이러한 실용적인 개혁주의와 베른슈타인의 '수정주의'는 구별되어야 한다. 베른슈타인의 수정주의는 마르크스주의를 당시의 시대 발전과 대면하게 해 마르크스가 주장했던 현상들, 다시 말해 경제 위기의 심화, 노동자의 빈곤율 증가, 중산층의 해체 예상 등에 대해 의문을 제기했다. 베른슈타인은 ≪노이에 차이트Neue Zeit≫의 칼럼 「사회주의의 문제」(1896/97)와 저서 『사회주의의 전제와 사민당의 과제Voraussetzungen des sozialismus und die aufgaben der sozialdemokratie』에서 거대한 사회적 위기의 도래와 자본주의의 불가피한 붕괴를 주장하는 마르크스주의 이론이 수정될 필요가 있음을 주장했다. 그는 여기서 머물지 않고 사민당이 계급정당이 아니라 사실상 '민주주의·사회주의적 국민정당'이라는 사실을 스스로 인정해야 한다고 주장하며 사민당의 자기 인식에 변화를 요구했다. 그가 보기에는 혁명 없이도 사회주의로의 점진적 성장이 가능했다.

베른슈타인의 이러한 테제는 당내 이론가들에 의해 뜨겁게 토론되었으며, 1903년까지 여러 전당대회에서 비판받았다. 그러나 당내 다수파는 자본주의에서 사회주의로의 이행은 반드시 사회혁명기를 거쳐야 한다는 법칙적 발전관을 포기하지 않으려 했다. 결국 그를 지지해주는 경험적 증거들에도 베른슈타인의 입장은 사민당 안에서 거부되었다. 그렇지만 장기적으로 볼 때 현실에서는 베른슈타인의 입장이 점차 우세해졌으며, 특히 제2차 세계대전 이후에는 그의 입장이 완전히 관철되었다.

사민당의 이중적 행태(우유부단함)는 베른슈타인 같은 수정주의자뿐만 아니라 사회주의 실현을 위한 '혁명적 계급투쟁'을 요구했던 당내 좌파들에 의해서도 비판받았다. 1905년 러시아혁명이 발발한 후 집단파업을 정치적 수단으로 사용할 것인가를 둘러싼 논쟁이 불붙었을 때 로자 룩셈부르크Rosa Luxemburg는 일련의 집단파업을 통해 혁명적 변혁을 시도할 것을 요구했다. 베른슈타인도 집단파업을 정치적 수단으로 고려하기는 했지만 민주적 권리에 대한 공격이 있을 경우에만 허용하는 방어용 파업에 국한했다. 하지만 파업을 정치적 수단으로 사용하는 것은 노동조합을 단순한 수단으로 전락시키는 것이었기 때문에 노동조합 측의 반대에 부딪힐 수밖에 없었다. 결국 사민당과 노동조합 지도부는 1906년에 만하임 협정을 체결했는데, 이를 통해 사민당은 노동조합의 독자성을 인정했다. 그 대신에 사민당이 추진하는 정치적 파업의 경우 반드시 노동조합 지도부가 이에 동의해야 하며, 특히 중대한 사안의 경우에는 그들이 자문에 참여해야 한다는 것도 분명히 했다. 노동조합이 뚜렷하게 개혁적 경향을 떠받치는 한 요소가 된 것이다. 당내 우파와 좌파 사이에는 중도파가 있었는데, 탁월한 지도자였던 베벨을 포함하는 당 지도부가 그 역할을 수행했다. 중도파들은 사회주의 도래를 의미하는 구원을 향한 소망을 유지하는 동시에 사회민주주의의 구체적 목표들을 실현하고자 시도했다.

그들의 전체적인 아비투스habitus로 볼 때 제1차 세계대전 이전의 독일 사민당은 혁명 정당이 아니었다. 카우츠키는 사민당이 "혁명적인, 그러나 혁명을 하지는 않는" 정당이라고 가르쳤다. 당내에는 다원주의와 통속화된 마르크스주의가 뒤섞여 만들어진 다원식 마르크스주의라는 애매한 세계관이 지배했다. 어쩌면 미래에 대한 장기적인 희망과 구체적 일상 정치, 혁명적 구호와 개혁적 행동, 기성 정치에 대한 차별적 선명성과 현실 사회에서의 적응을 연결했기 때문에 사민당은 빌헬름 제국 시대에 그만큼 성공할 수 있었다. 하지만 다른 한편 이러한 양면성이 가진 단점도 간과될 수 없었다. 단기적인 전략 문제에 대해서는 논쟁을 벌였지만, 이른바 필연적으로 다가오고 있는 미래를 위한 사회변혁의 청사진은 완성되지 않았기 때문이다. '거대한 파국'에 대한 기대에는 무언가 비현실적인 내용만 있었다.

국제정치에서의 역할

독일 사민당은 빌헬름 제국 후기에 독일 최대의 정당이 되었을 뿐 아니라 유럽에서도 최대의 사회주의 정당으로 성장했다. 사민당은 이를 기반으로 두고 1889년에 설립된 사회주의 인터내셔널에서도 탁월한 역할을 수행했다.

사민당은 그들이 일구어낸 놀라운 선거 결과와 당원 수, 당 조직과 일사불란한 당내 규율 덕분에 곧 경탄의 대상이 되었다. 하지만 일부 사회주의 정당들, 특히 프랑스 사회주의자들은 독일 사민당과 그들의 전략에 대해 비판을 제기하기도 했다. 1904년 암스테르담에서 열린 국제사회주의자대회에서 프랑스 사회당 지도자 장 조레스Jean Jaurès와 아우구스트 베벨 사이에 벌어진 논쟁이 이를 전형적으로 보여준다. 민주적 요구를 관철하기 위해 사회주의 정당이 추진해야 할 정치적 동맹에 대한 문제가 관건이었다. 독일 사민당의 드레스덴 전당대회는 부르주아 정당을 반동적 집단으로 보는 입장을 고수했다. 이에 반해 프랑스 사회주의자들은 자신들의 경험을 토대로 부르주아 정당이라 할지라도 개혁적 목표를 추구한다면 그들과의 동맹을 지지한다는 입장을 내세웠다. 조레스는 독일 사민당이 제국의회 선거에서 달성한 커다란 승리를 인정하면서도 그들이 현실 정치에서 실질적인 영향력은 없었다는 것을 지적했다. 그리고 그 책임이 독일 사민당의 불명확한 전략과 비생산적인 독선주의에 있다고 주장했다. 그러나 베벨은 국제사회주의자 대회에서 조레스에 맞서 자신의 비타협적이고 강경한 입장을 관철했다.

1907년 슈투트가르트에서 열린 사회주의자대회에서 강대국들의 외교 정책과 급증하는 전쟁 위험 문제가 처음으로 다뤄졌을 때 또다시 독일 사회민주주의자들과 프랑스 사회주의자들 사이에 이견이 생겼다. 전쟁 위험을 독일 사회민주주의자들보다 더 현실적으로 평가한 프랑스 사회주의자들은 "전쟁 발발이 실제로 임박했을 때 모든 국가의 사회민주주의자들에게 혁명적인 집단 파업에 돌입할 의무를 부과하는" 구스타프 마이어Gustav Mayer 결의안 채택을 요구했다. 그러나 독일 사회민주주의자들은 이 제안에 반대했다. 베벨은 "독일노동조합 진영이 반대할 것이며 이 경우 민중이 스스로 전쟁에 끌려들어가게 하지는 않겠지만, 만약 정부에 의해 전쟁 동원령이 내려질 경우 총파업이 실패하지 않을 것이라고는 확신할 수 없다"라는 입장이었다. 대의원들은 결국 애매한 타협안에 만족할 수밖에 없었다. 전쟁이 임박할 경우 사회당과 사민당 의원들은 브뤼셀 인터내셔널 사무소의 지원을 받아서 "그들에게 가장 효과적으로 보이는 수단을 통해" 전쟁 발발을 막기 위해 총력을 기울여야 한다는 것이었다. 당시 국제 노동운동 진영은 전반적으로 민족주의의 폭발력을 과소평가했다.

사민당 초기의 지도자 아우구스트 베벨

이 논쟁은 독일 사민당이 국제정치 문제에서 상당히 멀리 떨어져 있다는 사실을 나타냈다. 그들은 사회민주주의적 야당으로서 거의 외곬으로 국내 문제에만 몰두했으며, 이 상황은 독일 헌정제도의 특성과 정부의 사민당 고립·배제 정책 때문에 더욱 강화되었다. 구스타프 마이어의 평가에 따르면 조레스조차 사민당이 처했던 천민과 같은 처지, 즉 빌헬름 2세 정권이 제국의 최대 정당을 의회 안에 가두려고 총력을 기울였던 상황을 상상할 수도 없었다. 독일 사회민주주의자들은 사실상 예전과 다름없이 정치권에서 여전히 고립·배제되어 있었는데도 (예를 들어 그들의 임금 상승과 함께) 제국의 발전에 참여하면서 한 걸음씩 빌헬름 제국에 통합되어갔다.

국제분쟁 해결을 위한 국제재판권 요구에 사민당의 국제주의가 잘 표현되어 있지만, 독일 사민당은 (다른 나라와 마찬가지로) 자국의 방위에 찬성했다. 당내 소수만이 좁은 의미에서 평화주의적이었다. 에르푸르트 강령은 상비군을 철폐하는 대신 인민방위군을 둘 것을 요구했다. 본래 프로이센 군국주의의 비판자였던 베벨은 1907년 9월 에센에서 열린 전당대회에서 다음과 같이 설명했다.

> 만약 우리가 언젠가 실제로 조국을 방어해야 할 상황에 직면한다면 우리는 그렇게 할 것이다. 왜냐하면 그곳은 우리가 살고 있는 땅, 우리가 그 언어를 말하고 그 관습을 지키고 있는 우리 조국이기 때문이다.

1904년 3월 베벨은 제국의회에서 만약 러시아가 독일을 공격한다면 자신은 어깨에 총을 멜 것이라고 선언했었다. 차르주의는 독일 사회민주주의자들에게 반동의 화신, 자유와 진보에 대항하는 적으로 여겨졌다. 독일 사회민주주의자들은 '조국 없는 무리들'이 아니었으며 실제로는 국제주의적 신념을 가진 민주적 애국자였다. 그런데 이런 입장은 구체적인 상황에서 문제가 될 수 있었다. 따라서 1914년 8월은 독일 사회민주주의자들에게 실로 난감한 시기였다.

04

제1차 세계대전, 당의 분열과 그 결과

조지 케넌George Kennan이 "20세기의 대재앙"이라고 명명한 제1차 세계대전은 독일 사회와 정치뿐만 아니라 독일 사민당에도 생존이 걸린 격동기였다. 전쟁 발발 이후 사민당은 그동안 수행해왔던 체제 비판적인 야당 역할을 지속할 수 없었고 양자택일의 갈등 상황에 직면했는데, 이는 전쟁이 지속되자 결국 당의 분열로 이어졌다. 당의 분열에는 정치적 동기가 결정적으로 작용했지만, 전쟁 동안 사회적 갈등이 뚜렷하게 증가해서 일부 노동자들을 과격화시킨 것도 중요한 이유였다. 그 결과 노동자 진영 일부가 급진 노선으로 기우는 결과를 초래했다.

1914년 7월 말까지도 사민당은 반전反戰 대중 집회를 개최했다. 그런데 차르의 러시아가 독일에 전쟁을 선언하고, 다른 국가들도 전쟁에 참가했으며, 독일인들에게 민족적 열기가 번져갔던 8월 초에 이르자 사회민주주의자들은 상황이 변했다는 것을 깨달았다. 그 결과 먼저 노동조합 지도부가, 그 후에는 사민당 지도부도 민족 노선으로 기울었다. 당 총재 후고 하제Hugo Haase는 "우리는 위험이 다가온 순간, 자신의 조국을 내버려 두지 않는다"라고 선언했다. 사민당 제국의회 의원단은(하제를 포함해 우려를 표명했던 의원들조차) 전쟁 경비 조달을 위한 전쟁채권 발행에 만장일치로 찬성표를 던졌다. 몇 주 후에 자원병으로 참전했다가 사망한 첫 (그리고 전체 전쟁 기간 중 유일했던) 제국의회 의원이 바덴의 사회민주주의자 루트비히 프랑크Ludwig Frank라는 것은 의미심장한 상징이었다.

역사적 관점에서, 1914년 8월 사민당이 보인 행동은 사실 완전하게 예상 밖은 아니었다. 전쟁 이전에 사민당은 프로이센 군국주의를 계속 비판했지만 더 이상 인민방위군 창설에 집착하지 않았다. 사민당은 반대하는 역할을 통해 점점 독일제국에 통합negative Integration되었을 뿐 아니라 심지어 독일이 공격받는다고 인식하기에 이르렀다.

사민당은 실제 정치적 의사결정 과정에서 멀리 떨어져 있었기에 제1차 세계대전의 책임을 사민당에게 떠넘기는 것은 우스운 일이다. 사민당은 러시아의 차르에 맞서 조국을 지키려 했지만 1789년의 사상[1]을 부정하는 (교수들과 출판인들이 외쳤던) 문화전쟁에는 가담하지 않았

1 계몽사상을 뜻한다.

다. 사민당은 타국을 병합하고자 하는 전쟁 목표에도 반대했다.

사민당이나 노동조합이 추구한 '성내 평화' 정책은 개혁에 대한 기대감과 맞물려 있었으며 이것이 전쟁채권에 대한 동의를 용이하게 했다는 사실이 간과되어서는 안 된다. 여하튼 노동조합은 1916년 전시동원법Hilfsdienstgesetz을 통해 공식적인 노동자의 대변인으로 국가와 고용주들에게 인정받았다. 이는 임금단체협약 관철과 관련해 매우 중요한 진전이었다. 물론 전체적으로 사민당 입장에서는 '성내 평화' 정책의 대가가 실망스러웠다. 전쟁 전에 사민당이 강하게 규탄했던 프로이센의 3계급선거제[2]가 전쟁 종식 때까지 폐지되지 않은 것, 그리고 당시 사회민주주의의 목표였던 의회제 정부 형태로의 전환도 1918년 10월에야 겨우 이루어졌다는 사실 때문이었다. 그뿐만 아니라 전쟁에 의한 식량 배급 문제와 사회적 폐해가 증가했는데 그 피해자는 특히 노동자와 그 가족이었다.

국민에게 큰 희생을 요구한 이런 상황이 전개되자 '성내 평화' 정책에 대한 회의가 점차 커갔으며 이는 전쟁채권에 반대하는 의원 수가 점차 증가한 사실로 분명히 드러났다. 사민당 제국의회 의원단의 실질적인 불화는 1916년 3월 긴급 예산안을 둘러싸고 발생했다. 여기에서 당내 소

---

2 프로이센 하원을 선출하는 선거제도. 선거인의 수를 3등분해 전체 과세액의 1/3을 납부하는 부자들과 그다음 1/3을 납부하는 집단 그리고 나머지 집단에 각각 전체 의석의 1/3씩 배정한다. 결과적으로 소수의 부자들이 80%가 넘는 사람들과 거의 같은 수의 선거인단을 차지하고 그들의 이익을 대변하는 정당의 의원을 선출한다.

수파는 사전 통보도 없이 사민당 의원총회 결의와 다르게 반대표를 던졌고, 이는 다수파가 볼 때 당에 대한 항명·충성 거부였다. 다수파가 이 행동을 사민당 의원연맹으로부터의 이탈로 규정하자 소수파는 이에 대한 반발로 독자 모임인 '사회민주주의협의회'를 결성했다. 이는 결국 1917년 4월 고타에서 독자적으로 창당한 독립사민당USPD: Unabhängige Sozialdemokratische Partei Deutschlands으로 귀결되었다. 대다수의 사민당원은 다수파 사민당MSPD: Mehrheits Sozialdemokratische Partei Deutschlands에 남았다. 분당 이후 치러진 다음 총선거에서 USPD가 거둔 성과는 보잘것없었다.

전쟁 문제 내지 전쟁채권 문제가 어떤 측면에서는 사민당 내 그룹 형성과 엇갈려 있었기 때문에 USPD는 구성상 복합적이었다. USPD와 MSPD의 관계도 한편에는 개혁주의자와 수정주의자, 다른 한편에는 좌파라는 이분법적 대립 구도로는 적절히 설명되지 않았다. 에두아르트 베른슈타인, 루돌프 브라이트샤이트Rudolf Breitscheid, 쿠르트 아이스너Kurt Eisner 같은 수정주의자들과 개혁주의자들이 카를 리프크네히트Karl Liebknecht나 룩셈부르크 중심의 스파르타쿠스단과 마찬가지로 USPD에 속했다는 사실은 이런 복잡한 상황을 잘 보여준다. 양당을 구별하는 구분선은 전쟁채권 문제와 '성내 평화' 정책에 대한 평가여서 평화주의, 수정주의, 좌파의 대표들이 USPD에 모였다. 베른슈타인과 같은 몇몇 인사는 모두 전쟁이 끝나갈 무렵에 다시 MSPD로 복귀했지만 USPD는 한동안 존속했다. 이후 양당은 독자적인 노선을 걸었기 때문에 다른 문제에서도 차이가 생겨났다.

1918~1919년 바이마르 공화국 창건의 주역 사회민주주의자들 왼쪽 위에서부터 후고 하제, 오토 란츠베르크, 빌헬름 디트만이다. 오른쪽 위에서부터 프리드리히 에베르트, 필리프 샤이데만, 에밀 바르트이다.

MSPD와 USPD는 11월 혁명 뒤 구성된 인민대표자위원회에 우선은 공동으로 참여했다. 그러던 중 1918년 말 공산당KPD: Kommunistische Partei Deutschlands이 창당했고 이들은 1920년 무렵 대중정당으로 자리 잡았다. USPD가 1920년 9월 공산주의 인터내셔널 강령을 둘러싸고 또다시 분열했을 때 USPD 좌파가 공산당에 입당한 것이 그 배경이었다. 반면 USPD 우파는 일단 독자 정당으로 머물다가 결국 다시 MSPD에 합류했다. 좌파 진영 내 중요한 대립점은 이제 민주주의냐 독재냐의 문제였다. 이런 과정을 통해 급진 세력이 MSPD에서 이탈하고, MSPD가 분명하게 민주적·의회제적인 길을 선택함으로써 20세기 사민당이 태어났다.

05

헌법 정당, 집권 정당, 야당

바이마르 공화국 시기의 사회민주당

제1차 세계대전에서 이미 암시되었던 것들이 바이마르 공화국에서 계속 나타났다. 사민당은 한편으로는 국가를 짊어지고 가는 정당으로 발전하기 시작했지만, 다른 한편으로는 전형적인 계급 정치적 목표를 추구하는 야당의 전통을 고수했다. 사민당은 바이마르 공화국에서 가장 중요한 제도권 정당이 되었으나 자기 정체성 측면이라는 이중 과제 앞에 갈등을 겪어야 했던 것이다. 즉, 한편에는 민주주의 공화국을 정착시키는 과제, 다른 한편에는 사회주의적 노동자 정서를 대변하고 사회주의적 미래 목표에 주목하는 과제가 있었다. 그들은 한때 국민정당화의 길을 계속 가고 했지만 공산당과의 경쟁 관계 그리고 사회민주주의적 개혁정 책에 맞서는 부르주아 정당들의 비타협적 태도에 직면해 어려움을 겪었다. 궁극적으로 다른 어느 정당들보다 바이마르 공화국 탄생에 더 크게 기여한 정당이 사민당이었다면, 바이마르 공화국 말기에 가서는 나치운동과 공산당, 여타 반反민주주의 세력의 공세에 맞서 공화국을 방어했던 거의 유일한 정당도 사민당이었다.

혁명과 공화국 수립

1918/19년의 혁명은 독일 사민당에 일대 전환점이었다. 사민당은 혁명기 동안 향후 독일이 나가야 할 방향 설정에 지대한 역할을 수행했다. 그리고 이것은 독일 정당제도와 독일 사회 내에서 사민당이 차지하는 위상에도 영향을 미쳤다.

혁명적인 대중 행동이었던 킬 해군의 봉기와 노동자·병사평의회 결성은 패전에 직면한 빌헬름 제국이 무너지는 기폭제였다. 1918년 11월 9일 사민당의 필리프 샤이데만Philipp Scheidemann은 제국의회 의사당 발코니에서 독일공화국을 선포했으며 이는 베를린 궁Berliner Schloß에서 사회주의 공화국을 선포한 리프크네히트보다 두 시간 빠른 것이었다. 권력은 MSPD와 USPD가 (서로의 이견을 일단 미뤄놓은 채) 공동구성한 인민대표자위원회에 넘어갔다. MSPD 측은 프리드리히 에베르트, 필리프 샤이데만, 오토 란츠베르크Otto Landsberg, USPD 측은 후고 하제, 빌헬름 디트만Wilhelm Dittmann, 에밀 바르트Emil Barth를 내세웠다. 에베르트가 위원장을 맡아 독일 정치의 결정적인 지도자로 등장했다.

그는 공식적으로는 빌헬름 제국의 마지막 수상 막스 폰 바덴Max von Baden 공公으로부터 권력을 이어받았지만 그의 집권 정통성은 사실상 인민대표자위원회의 결의에 근거했다.

인민대표자위원회는 혁명의 성과로 하루 여덟 시간 노동제와 제국의회 의원 선출을 위한 보통·평등 선거권(1918년 혁명 직전까지 3계급선거제 시행)을 실시할 것임을 공표했다. 빌헬름 제국 때와 달리 선거권은 여성에게도 주어졌고 이는 사민당이 이미 오래전부터 주장했던 것이었다. 노동 보호와 의료보험 실시를 위한 사회보장 정책도 공포되었다.

성과가 있기는 했지만 인민대표자위원회는 무엇보다 코앞에 당면한 거대한 현안과 확산되는 극심한 사회혼란 문제를 해결해야 했다. 100만 명의 군인이 사회에 복귀해야 했는데 에베르트는 이에 관해서 최고사령부의 빌헬름 그뢰너Wilhelm Groener 장군과 합의에 도달했다. (연합국이 독일을 봉쇄하고 있었기 때문에) 식량 공급 문제도 시급하게 해결해야 했다. 폴란드와 인접한 동부 국경선도 (의용군Freiwilligenverbänden의 도움으로) 폴란드 측의 자기 영토 주장에 맞서 방어해야 했으며 분리주의적인 움직임을 억제해야 했다. 이를 위해 취한 여러 조치는 마치 전시戰時사회주의를 계속하는 것과 같았다.

에베르트와 인민대표자위원회는 가능한 한 조속히 국민의회를 소집해서 새 헌법을 제정하고 정치 활동을 위한 민주적 토대를 수립하고자 했다. 혁명 세력의 중심이었던 베를린 노동자·병사평의회뿐 아니라 제국 노동자·병사평의회도 압도적인 다수 의견으로 국민의회 소집을 지지했다. 그러나 정치적 의사 결정에서 다수결 원칙을 인정하지 않았으며 러시아 혁명을 모델로 삼아 혁명적 프로세스를 재촉하기 원했던 리프크네히트, 룩셈부르크와 스파르타쿠스단은 이 방안에 반기를 들었다. 이들과 달리 에베르트와 MSPD는 혁명적 과정을 안정적 정치 궤도로 유도하고자 했다. 그들은 어떤 형태의 독재에 대해서도 단호하게 반대하는 민주주의자였다.

국민의회 개회에 즈음해 에베르트는 "오직 의회의 심의와 의결이라는 대로大路를 통해서만 …… 제국의 몰락이나 경제 파탄을 초래하지 않고, 경제·사회 분야에서 더 이상 지체할 수 없는 개혁을 추진할 수 있을 것이다"라고 강조했다. 제1차 세계대전 후의 정치 구도에서는 오직 민주주의적이고 의회주의적 정치만이 당시의 시대적 과제를 해결할 수 있다는 것이 지도적 사회민주주의자들의 신념이었다.

제헌의회 소집을 무력으로 저지했던, 러시아 볼셰비키 모델에 따르는 발전은 1918/19년 MSPD 사회민주주의자들이나 USPD의 다수 당원이 원하는 바가 아니었다. 그럼에도 MSPD와 USPD 사이에는 이들 급진적인 혁명 세력들과 어떤 관계를 맺을 것인지를 둘러싸고 이견이 발생했다. 그 결과 USPD 대표들이 인민대표자위원회에서 철수하는 사태가 발생했다. 그들이 남기고 간 자리에는 MSPD 소속 루돌프 비셀Rudolf Wissel과 구스타프 노스케Gustav Noske가 충원되었다.

1918/19년 연말연시에 창당된 공산당은 지도적 인물인 룩셈부르크의 반대에도 불구하고 국민의회 선거 보이콧을 외쳤다. 룩셈부르크

는 국민의회를 위한 선거 참여를 정치적인 선동 기회로 삼기 원했으며, MSPD 대의원들뿐 아니라 USPD 대의원들까지도 반역자로 공격하면서 프롤레타리아 독재를 옹호하는 단호한 대변자로 나섰다. 1월 초 발생한 봉기에서 시위대에게 무기를 넘겨주었던 베를린 경찰청장 에밀 아이히호른Emil Eichhorn이 면직된 후 이에 항의하는 군중 시위가 발생했을 때 룩셈부르크와 리프크네히트를 비롯한 급진파는 무기 사용을 포함한 봉기를 시도하기로 결단했다. 봉기는 정부군에 의해 동원된 자유의용대Freikorp에 의해 진압되었으며 그 와중에 룩셈부르크와 리프크네히트는 살해되었다. 그들은 혁명적 열정에 이끌렸지만 점차 현실에 대한 판단력을 상실한 것이다. 공산주의 진영 내에는 룩셈부르크주의에 대한 비판의 목소리가 없지 않았다. 하지만 그들은 곧 순교자로 추앙받았으며, 공산주의 운동사에서 신화적 존재로 살아남았다. 독일 공산당이 늦어도 1920년대 중반 이래 코민테른과 소련, 다시 말해 스탈린의 정책에 좌우되는 처지로 전락했지만, 그 이전에 사망한 룩셈부르크와 리프크네히트에 대한 평가는 그러한 변화에 영향을 받지 않았다.

1918/19년 혁명 와중에 형성된 사회민주주의자들과 공산주의자들 사이의 갈등, 그 핵심이 '민주주의냐 독재냐'의 문제였던 갈등은 이후에도 계속 독일 정치의 결정 인자로 작용했다. 그리고 이는 의심할 여지 없이 바이마르 공화국에서 좌파 진영의 입지를 약화시켰다.

아르투어 로젠베르크Arthur Rosenberg가 일찍이 그의 『바이마르공화국사Geschichte der Weimarer Republik』에서 주장했듯이, 혁명기 동안 설정된 정책 방향이 이미 바이마르 공화국 몰락을 결정지은 것은 아닌지에 대해 많은 논란이 있었다. 한때 학계에서 받아들여졌던 사실이기는 하지만 평의회가 어느 정도의 (이용되지 않은) 민주적 잠재력이 있었는지는 분명하지 않다. 평의회운동이 스스로를 과도적 현상으로 인식했고 그 때문에 빠르게 존재 의미를 상실해갔기 때문이다. 정치적으로 우파인 자유의용대를 급진주의 세력 봉기 진압에 투입한 국방부 장관 노스케의 결정은 분명 대단히 문제가 많았다. 원했든 원치 않았든 그의 결정은 극우파의 조직적 결집에 기여했을 뿐 아니라 나아가 MSPD의 신뢰도마저 크게 손상시켰기 때문이다. 하지만 당시의 상황적 맥락, 즉 불안정한 치안 상황도 역사적 평가에 함께 고려되어야 한다. 신뢰할 만한 공화국 치안대를 신속히 조직하는 것은 사실상 어려웠다.

에베르트와 국민대표자위원회가 보기에 당시 독일 국가 체제의 역학 관계는 매우 복잡하게 얽혀 있어서 한눈에 조망하기 어려웠다. 분명히 행정 분야를 대폭 개혁하는 것이 필요했지만 정부는 눈앞에 닥친 수많은 문제를 해결해야 했다. 반면 정부에 대한 기대는 비현실적이고 막연하며 산만한 부분이 많았다. 당시 제기되었던바, 자본주의와 민주주의는 단지 제한적으로만 양립 가능하기 때문에 오직 급진적인 사회화(국유화)만이 공화국의 안정을 보장할 수 있을 것이라는 주장은 오늘날 더 이상 받아들여지지 않을 것이다. 물론 당시 정부가 사회화 문제에서 좀 더 적극적인 조치를 취했다면 정부의 신뢰 위기를 진정시킬 수 있었을 것이다. 하지만 사민당은 그들의 전통에서 물려받은 딜레마, 즉 민주적 원칙과 1918/19년의 혁명적 약속 사이의 딜레마에서 진정으로 벗어날 수 없었다.

사민당은 '무정부 상태의 방지' 그리고 좌우 양 진영의 쿠데타주의를 통해 위협받았던 '공화국의 안정화' 두 가지에 성공했다. 우파 쿠데타주의는 이미 1920년 카프 쿠데타에서 노출되었는데 이 쿠데타는 사민당과 노동조합이 외친 총파업에 의해 저지될 수 있었다.

1919년 1월 제헌의회 소집을 위한 총선거 결과는 좌파들에게 실망스러운 것이었다. MSPD는 37.9%, USPD는 단지 7.9%를 얻는 데 그쳤다. 다시 말해 두 정당을 합쳐도(연립정부 구성을 원했다 할지라도) 과반수 의석을 확보한 정부를 구성할 수 없었다. 오히려 사민당에 적대적인 정부 구성도 이론상 가능했다. 이 구도에서 MSPD는 (에베르트의 견해에 따라) 좌파 부르주아 정당인 독일 민주당DDP: Deutsche Demokratische Partei(18.5%), 가톨릭 진영의 중앙당Zentrum(19.7%)과 연립정부를 구성했다. 독일민족당DVP: Deutsche Volkspartei(4.4%)과 독일 국가민족당DNVP: Deutschnationale Volkspartei(10.3%)은 야당이 되었다. 이렇게 탄생한 '바이마르 연정'은 지난 전쟁 동안에 운영되었던 각 정당 의원연맹 간 협의체제가 연장된 것으로 볼 수 있다. 제국형성기에 야당 처지에 있던 정당들이 이제는 헌정 프로세스를 주도적으로 이끌어가는 정당이 되었다는 것은 주목할 만한 사실이다.

바이마르에서 열린 국민의회는 우선 사민당 에베르트를 제국 대통령, 샤이데만을 연립정부 수상으로 선출했다. 그리고 연정은 (사민당의 제안에 따라) 국가의 체제로서 공화제 도입, 재산과 소유에 관계된 금융 정책, 사회복지국가 건설, 사회화를 단행하기에 성숙한 산업 분야의 사회화에 관한 합의 위에 수립되었다.

헌법 문제에 관해서는, 독일 민주당에 속하며 공화국 헌법 초안을 작성한 헌법학자 후고 프로이스Hugo Preuß와 사회민주주의자들 사이에 폭넓은 공감대가 존재했다. 둘은 국민국가를 통해 전제국가를 대체하려 했으며 그를 통해 비스마르크의 정치 때문에 단절되었던 1848/49년 혁명의 민주적 노선의 맥을 다시 이으려 했다. 이런 의도는 신생 공화국 국기에 흑·적·황 세 가지 색을 선택한 데 드러나 있다(이 결정을 둘러싸고 바이마르 공화국 내내 뜨거운 갈등이 있었다). 강한 대통령과 제국의회에 종속된 수상을 두는 의회제 공화국이 창조되었다(두 명의 지도자를 둔 이유는 정당제도에 대한 회의에서였다). 좌파의 압력에 따라 뚜렷하게 직접민주주의적인 국민투표적plebiszitär 요소가 반영되었다. 헌법은 대통령제적 요소, 의회제적 요소, 국민투표적 요소를 혼합하는 특별한 방식으로 민주주의적 이상을 충족시키는 듯했다. 그러나 바로 거기에 이후 역사가 보여주듯이 반反민주적 세력이 침투할 여지가 있었다. 기업가들과 노동조합이 함께 대표로 일할 제국경제위원회는 지속적으로 볼 때 경제에 대한 정치의 영향력을 확보할 기관으로서의 의미를 얻지 못했다. 그런데도 제국이 사회복지를 추구하는 법치국가(사회적 법치국가) 건설을 추구했다는 사실에 대해서는 의심할 여지가 없다.

1919년은 많은 시민, 특히 노동자의 시각에서 실망스럽게 지나갔다. 무엇보다도 '베르사유 조약'이 문제였다. 이 조약을 수용했다는 사실 때문에 논란이 커지자 급기야 내각이 사퇴하고 사민당의 마이어가 이끄는 새 내각이 구성되었다. 전쟁 발발에 전혀 책임이 없는 사민당이 실제로 그 결과에 책임지게 되었던 것이다. 1920년에 치러진 첫 번째 정규 총선거 결과는 연립정부에는 마찬가지로 재앙이었다. USPD는 지난번보다 증가한 17.6%로 MSPD와 거의 대등한 득표에 성공한 반면, MSPD의 득표율은 겨우 21.9%를 기록함으로써 대폭 감소세를 보였다. 연립정부의 한 축이었던 DDP는 이보다 더욱 감소해서 지난번 득표율의 절반에도 미치지 못했다. 독일 시민층의 우경화가 시작된 것이다. 이는 이후 바이마르 공화국의 발전에서 보이는 전형적인 현상이었다.

이로써 공화국을 건설하는 데 기본 토대였던 온건한 사회민주주의와 온건한 부르주아 민주주의 사이의 타협에 대해 일찍부터 의문이 제기된 것이다. 그 결과 헌법을 각인했던 바이마르 연정은 이후 제국의회 선거에서는 (프로이센 주 선거에서와 달리) 더 이상 과반수 의석을 확보하지 못했다. 다양한 민주주의적인 요소 그리고 부분적으로는 급진민주주의적 장치도 갖추었던 바이마르 민주주의는 첨예한 정치적·사회적 긴장과 갈등으로 각인된 조각난 정치 문화 속에서, 대립적 요소를 최소한 부분적으로라도 연결해주고 타협을 이끌어내는 틀이 아니라 오히려 이 대립을 촉진하는 촉매로 작동했다.

공화국 추종자들에게는 이 민주공화국이 세상에서 가장 현대적인 제도로 보였지만 정치적 우파들은 '비독일적'이며 서방에서 들여온 '수입품' 또는 독일의 정치적·사회적 발전 경로를 이탈한 것이라고 비방했다. 그들이 바라는 것은 프로이센적·독일적인 사상으로의 복귀 또는 보수혁명을 통한 새 질서 수립이었다.

바이마르 공화국의 초대 대통령 프리드리히 에베르트(재임 1919~1925)

사회민주주의자 에베르트가 1919년 초대 제국 대통령에 선출된 것은 엄청나게 상징적 의미를 지닌 사건이었다. 에베르트는 (취임사에서 밝혔듯이) 스스로를 '일개 정당의 대표'가 아니라 '전 독일 국민의 대표자'로 이해했다. 그러나 동시에 그는 자신이 "사회주의 사상 세계에서 성장한 노동자의 아들"이라고 고백했다. 말안장 제조업 도제였던 에베르트가 제국 대통령이 되었다는 사실은 한편으로 전제국가가 국민국가로 대체되었다는 증거였지만, 다른 한편으로는(무엇보다 구 정권의 지지자들이 보기에는) 공화국을 비웃게 하는 계기였다. 에베르트는 품위 있고 사려 깊게 대통령직을 수행했으며, 특히 위기의 해였던 1923년에 새로운 국가 질서를 위한 투쟁에서 제 역할을 성공적으로 수행했다. 하지만 그는 점차, 무엇보다 제1차 세계대전에서의 그의 역할 때문에 악의적인 비판에 부딪히게 되었다. 이 악의적인 비판 공세로 그는 진이 빠질 만큼 쇠약해졌고, 결국 임기 중 순직하고 말았다. 이 사실을 통해서도 그는 공화국의 상징이 되었다.

"절반은 집권당, 절반은 야당"

광범위하게 퍼져 있는 견해와 달리 바이마르 공화국 시기의 사민당은 주로 집권당이 아닌 야당이었다. 1919년 이래 헤르만 뮐러Hermann Müller와 오토 벨스가 총재직을 맡았던 사민당은 1918~1923년에(약간의 단절기가 있었지만) 내각에 참여했으며, 1923~1928년 부르주아 연합 내각 시절에는 야당에 머물면서 간접적으로 정부에 관여했다. 사민당의 협력 없이는 (예를 들어 외교 문제에서) 제국의회 의결정족수인 과반수가 확보되지 않았기 때문이다. 1928~1930년에는 사민당이 다시 집권당이 되었지만 그 후에는 대통령의 긴급명령으로 통치가 이루어지는 대통령 내각이 제국을 다스렸다. 사민당은 공화국 초기인 1923년까지 필리프 샤이데만, 구스타프 바워Gustav Bauer, 헤르만 뮐러, 그리고 1928년에 다시 한 번 뮐러를 수상에 내세웠다. 사회민주주의자인 에베르트가 1919년부터 1925년 사망할 때까지 대통령이었지만 그는 초당적으로 대통령직을 수행했으며, 이 때문에 당과 갈등을 겪기도 했다. 그 후 대통령직은 빌헬름 제국 원수Feldmarschal였던 파울 폰 힌덴부르크Paul von Hindenburg에게 넘어갔는데 그의 배후에는 공화국에 반대하는, 혹은 반反공화국적인 인사들이 대거 포진해 있었다. 사민당이 공화국 탄생에 중심 역할을 수행했으면서도 이후 대부분의 시기를 야당에 머물렀다는 사실은 이중의 문제 상황을 초래했다. 하나는 부르주아 민주주의 진영이 사민당에 대해 느낀 거리감이며, 다른 하나는 전통적인 야당 역할로 돌아가려는 사민당의 경향이었다. 이런 맥락에서 클라우스 쇤호펜Klaus Schönhoven은 바이마르 시기 사민당을 "절반은 집권당, 절반은 야당"이라고 적절히 정의했다.

연립정부 구성 문제는 제국의회 선거 결과가 형편없었던 1920년 이래 사민당 전당대회의 단골 의제였다. 그들은 사회복지나 기타 영역에서 개혁을 관철시킬 수 있게 해줄 연립정부 참여 여부를 검토하는 데 진정한 사회주의 정책을 잣대로 사용했다. 그런데 문제는 진정한 사회주의 정책은 단독정부를 구성하는 경우에만 실현 가능했으며 단독정부 구성은 거의 이룰 수 없다는 현실이었다. 따라서 연립정부 참여 문제를 검토하는 과정 내내 한편에는 공화국에 대한 책임과 구체적인 개혁 정치, 다른 한편에는 다소 유토피아적인 사회변혁 정치 사이에 긴장이 팽배했다.

전체적으로 보아 사민당은 (공산주의자들이나 훗날의 나치주의자들과 달리) 실용적뿐 아니라 이론적으로도 다당제를 수용했다. 그래서 루돌프 힐퍼딩Rudolf Hilferding은 정당이 민주주의의 필수 요소라고 주장했으며 구스타프 라드부르흐Gustav Radbruch는 정당의 창조 기능(정당 없이 국민들은 정치적으로 무엇인가를 추진할 수 없을 것이다)을 강조했다.

사민당이 추구하는 민주주의적 목표와 사회주의적 목표, 둘 사이의 관계가 어떻게 변화해갔는가라는 관점에서 바라볼 때 당 강령의 변화도 흥미롭다. 1921년 MSPD의 괴를리츠 전당대회에서 채택된 강령은 마르크스주의적 역사관을 포기했기 때문에 정당 개념과 이론적 토대에서 에르푸르트 강령과 뚜렷한 차이를 보인다. 괴를리츠에서 독일 사민당은 '스스로를 민주주의와 사회주의를 위한 투쟁공동체'로 인식하는 '도시와 농촌에 있는 노동 민중 정당'이 되었다. 기본적으로 그들은 스스로를 국민정당으로 인식했다. 자본과 노동의 대립 원칙을 고수했기는 하지만, 그동안 더욱 세분화된 중간계층, 즉 자신들의 정치적 대변인을 사민당에서 찾았다고 생각한 중소 부동산 소유자와 상인층, 정신노동자, 공무원, 사무원, 예술가, 작가, 교사, 각종 자유업 종사자들이 당의 시야에 들어왔다. 물론 공화국에 대한 신념은 요지부동이었다.

> 사민당은 민주공화국이 역사적 발전을 통해 이제 더 이상 돌이킬 수 없는 것으로 입증된 국가형태라고 보며 그에 대한 어떠한 공격도 국민의 생존권에 대한 위해危害 기도로 간주한다.

이러한 괴를리츠 강령과 달리 1925년 USPD 의원 일부(공산당으로 간 의원을 제외한)가 사민당으로 복귀한 후 채택된 하이델베르크 강령은 사민당을 노동자계급의 정당으로 보았다. 이는 공산당과의 경쟁 구도 아래 작성된 것이기는 하지만 어쨌든 마르크스주의적 기본 입장으로의 복귀였다. 물론 여기에서 '사무원층과 각종 지식인들'이 기타 노동자들의 이해와 점점 더 일치하는 집단으로 파악되기는 했다. 여기서도 민주주의 공화국은 단호하게 옹호되었지만 근본적으로 본래 목표를 둘러싼 투쟁의 전제 조건이자 수단으로 간주되었다.

> 자본주의적 착취에 맞서는 노동자계급의 투쟁은 경제적 투쟁일 뿐 아니라 불가피하게 정치적 투쟁이다. …… 민주주의 공화국에서 노동자계급은 노동자계급의 해방 투쟁과 사회주의 실현을 위해서 유지와 확산이 불가피한 국가형태를 보유한다. …… 민주주의 공화국은 노동자계급의 해방 투쟁과 그를 통한 사회주의 실현에 가장 유리한 토대이다. 그 때문에 사민당은 공화국을 수호하며 그 발전을 위해 나선다.

물론 하이델베르크 전당대회는 당의 지도적인 이론가로 등장했던 힐퍼딩의 강령 해설 속에서 나타났듯이 괴를리츠 강령과 연장선상에 있는 입장도 보여주었다. 힐퍼딩은 당이 다양한 사회 계층에 개방되어야 한다고 호소했으며, 노동운동의 해방 투쟁에 합류되어야 할 정신 노동자, 각종 사무원층의 의미가 증가하고 있음을 강조했다. 그러나 무엇보다 힐퍼딩은 1924년 이래 프리츠 나프탈리Fritz Naphtali 등이 개발해온 경제민주주의 방안을 당원들에게 소개했다.

경제민주주의 방안의 경우 힐퍼딩은 자신의 '조직 자본주의' 이론에서 출발했는데 이에 따르면 자본주의는 재벌 형성, 카르텔, 다른 형태의 조직을 통해 엄청나게 변화했다. 경제민주주의 방안은 이렇게 새로 등장한 구조를 이용하려는 시도였다. 첫째, 이 새로운 구조들은 국가나 소비자들을 통해 자본주의를 조정하고 통제할 가능성을 제공한다. 둘째, 공동 결정권을 통해 노동자 대표들이 기업의 각종 지도부와 감사 기구에 참여할 가능성을 제공한다. 하지만 후자의 경우 의회민주주의를 부정하는 모스크바식 평의회(소비에트) 사상이나 생디칼리스트syndicaliste적[1] 시도 같은 노선을 의도한 것은 아니었다. 그 밖에도 나프탈리의 경제민주주의 방안은 경제 영역에서 공적 부문과 노동조합적 부문이 증가할 것을 염두에 두었다. 마지막으로 노동자 교육의 확대와 연결된 이 방안 뒤에는 자본주의가 단계적으로 사회주의로 변형하는 것이 가능하다는 사고가 스며 있었다. 이는 자본주의 붕괴론을 주장하는 정통 마르크스주의와는 정면으로 충돌되는 것이었다.

구체적인 사회복지 정책에 관한 한 사민당은 바이마르 공화국 시기에 이루어진 사회복지국가의 구축, 특히 실업자 보험제도 실시와 새로운 노동권 시행에 직간접적으로 크게 기여했다.

이처럼 사민당에서 사회복지 정책이 차지하는 비중이 컸다는 점을 고려한다면, 실업자 보험의 재정 문제를 둘러싼 논쟁이 1930년 사민당이 참여했던 대연정(처음에는 단지 명사 내각으로 구성되었다가 결국 각 당의 목소리가 점차 내각의 갈등을 초래하는 원심력으로 작용했던)을 붕괴시

1 무정부주의적인 노동조합지상주의를 말하는 생디칼리즘에서 나온 말이다.

키는 계기가 된 것은 우연이 아니었다. 사민당은 실업자 보험 문제를 실업급여 삭감을 통해서가 아니라 보험료 인상, 다시 말해 고용주 측의 부담 증가를 통해 해결하고자 했다. 사민당이 이러한 실업 정책을 연정의 존속과 연계시켰다고 해도, 그 동기는 연정의 붕괴됨으로써 궁극적으로 초래된 치명적 결과와는 아무 상관이 없는 것이었다. 그들의 정책이 의회 민주주의의 종식을 초래할 수 있다는 사실은 아직 누구도 분명하게 알 수 없었다. 무대의 뒤쪽, 특히 힌덴부르크 대통령 주변에는 이미 의회로부터 독립해 대통령 내각으로 가는 기본 방향이 설정되어 있었다. 그런데도 대연정이 비교적 오랫동안 유지되었다면 이는 ('베르사유 조약'에 따른—옮긴이) 배상 문제 해결(영 플랜의 통과)에 사민당의 협력이 필요했기 때문이었다.

사회민주당의 외교 정책

바이마르 공화국 시기 사민당은 (당이 단지 간헐적으로만 정부에 참여했는데도) 외교 정책의 안정화에 의심할 여지 없이 크게 기여했다. 사민당은 전반적으로 승자의 강압이라고 느껴지는 '베르사유 조약'에 서명해야 했다(당시 수상은 바워였으며 외무부 장관은 뮐러였다). 하지만 우파가 시도했듯이 이 조약의 책임을 사민당에게 미루는 것은 말이 되지 않았다. 사민당은 '베르사유 조약' 체결 이후 이 조약에 반대하는 (공산당을 제외한) 모든 정당의 투쟁에 함께 참여했다. 사민당은 온건한 수정주의 정책을 추구했으며 거기에는 배상 부담을 제한·경감하려 시도하는 끈질긴 협상이 포함되어 있었다. 여기에서 사민당은 조약 반대를 외치는 민족 진영과 달리 민족주의적 수사법을 피했으며 평화적인 균형 조정이라는 목표를 결코 도외시하지 않았다.

사민당은 로카르노 정책 그리고 프랑스와의 협력 및 국제연맹 가입을 추구한 슈트레제만식 정책[2]을 뒷받침하는 가장 중요한 기둥이었다. 소련에 대한 사민당의 입장은 복잡했다. 물론 사민당은 소련에 대해서도 합리적인 관계를 전개하고자 했지만 소련 사회의 내적 변화, 특히 멘셰비키Mensheviki에 대한 정치적 박해(같은 맥락에서 사민당도 공격받았던)에 대해서는 당혹감을 감추지 못했으며 비판 어린 시선으로 이를 주목해왔다. 멘셰비키 가운데 많은 수가 독일로 피난해 베를린에 정착했으며 그들 가운데 몇몇은 사민당과 사회주의 인터내셔널의 토론회에 참가했다.

사민당은 1918년 이후, 즉 바이마르 공화국 수립과 함께 새로운 외교 정책을 추구했다. 그들은 각국의 비밀외교와 동맹 정책이 제1차 세계대전 발발에 책임이 있다고 판단해 이를 개선하기 위해서 국제관계의 강력한 법제화와 초국가적인 국제기구 설립을 외교 정책의 목표로 설정한 것이다. 예나 지금이나 사민당은, (괴를리츠 강령과 하이델베르르

---

2 1925년 체결된 '로카르노 조약'은 제1차 세계대전 후 '베르사유 조약'에 의해 결정된 독일 서부 국경 지역의 현상 유지와 불가침, 라인란트의 영구적인 비무장화, 독일·프랑스·벨기에의 상호 불가침, 분쟁의 평화적 처리 등을 명시한 집단안전보장 조약이다. 구스타프 슈트레제만(Gustav Stresemann)은 이 '로카르노 조약'과 프랑스와의 협력 및 국제연맹 가입을 통해 독일의 국제적 지위 회복을 추구했다.

크 강령이 보여주듯이) 국제 분쟁은 (중재)재판소를 통해 해결하고자 했다. 주목할 만한 것은 초국가적인 국가연합을 추구할 때 괴를리츠 강령과 하이델베르크 강령 사이에 나타난 강조점 변화였다. 사민당이 1921년까지는 국제연맹을 핵심 목표로 설정했다면, 1925년 하이델베르크에서는 (당이 식민제국의 착취에 반대했다는 점을 제외하면) 유럽 문제가 전면에 있었다. 사민당은 경제적인 이유에서 불가피하게 된 유럽 경제 단위의 창설이 시급하다고 간주했으며 한 걸음 더 나아가 '유럽 합중국의 창설'을 주창했다. "그를 통해 모든 대륙의 민족들이 이해관계의 연대로 가기 위해서였다." 이는 시대를 훨씬 앞서는 구상이었다. 이로써 사민당은 독일의 여론을 지배하고 있던 민족주의적 목표와 첨예하게 대립하는 태도를 보였다. 그 외에도 사민당은 민족자결권을 강력히 주장했으며 소수민족이 보호되어야 한다는 점도 지지했다.

사민당은 국토방위에 찬성했으나 당시 군비 강화 노력에 대해서는 회의적인 거부반응을 보였다. 따라서 대연정기에는 (힌덴부르크 대통령과 그뢰너 국방부 장관에게는 안타깝게도) 군비와 국방 강화를 위한 비밀 프로그램 추진이 불가능했다. 물론 사민당 소속 장관들은 장갑순양함 A의 건조 문제에서는 그들의 압박에 굴복했다. 당과 의원들은 사민당이 선거운동 기간 중에 이에 대한 반대 입장을 분명히 천명했기 때문에("장갑순양함 A 대신에 학교 급식을!") 이러한 결정을 수용하지 않았다. 정부 내에서 사민당 장관들의 체면을 구기게 만든 사민당 제국의회 의원연맹의 이러한 반대 결정은 정부 정책과 사회민주주의 신념 사이의 긴장을 보여주는 가장 극적인 사례였으며 이는 당내 격렬한 논쟁을 야기했다.

전반적으로 사민당은 민족주의를 억제하고 국제 이해를 강화하려고 시도했는데 이는 독일의 온건한 국익 추구 정치를 배제하는 것은 아니었다. 그런데도 대통령 내각 시기가 오자 외교 정책에 대한 사민당의 영향력이 줄어들었다.

노동자 환경과 사민당

바이마르 시대에 사회주의적인 노동자 환경milieu[3]은 분화되었으며 분열과 쇠퇴 과정에 들어갔다. 이런 상황 변화를 통해 사회주의적 노동자 환경과 사민당의 관계도 수정되었다. 어차피 사회주의적인 노동자 환경은 어느 곳에나 있지는 않았으며 모든 공업지대에서도 같은 방식으로 형성된 것이 아니었다. 어떤 곳에서는 (특정 지역을 제외하면) 일차적으로 노동쟁의가 발생한 경우에 노동자 환경이 형성될 수 있었다. 사민당은 생디칼리스트적 경향이 있는 환경과는 어려움을 겪었는데 그들은 공산당으로 기우는 경향이 있었다. 물론 이들도 스스로가 공산당에 완전히 통합되도록 허용하지는 않았다.

게다가 바이마르 공화국 시기에는 사회주의적 노동자 환경 형성을

3 단순한 물리적 환경이 아니라 사회적 배경까지 포함하는 포괄적인 개념이다. '노동자 환경'으로는 뜻이 다소 분명하지 않아서 원어를 병기했다.

위한 조건이 변화했다. 교육 영역에서는 새로 설립된 시민대학의 역할이 점점 커졌다. 또한 프랑크푸르트 노동자 아카데미처럼 (부분적으로는 공공 기관이 운영하는) 노동자 교육기관도 등장했다. 노동자 아카데미가 노동자 교육에서 차지하는 비중은 날로 커갔으며 다양한 차원에서 전개되는 노동운동의 간부 양성을 위해서 특히 그러했다.

노동자 문화 영역에서 몇 가지 새로운 변화가 일어났다. 1928년, 베를린에서 사회주의자법 50주년을 기념하는 기념 행진이 시행되었을 때 사민당은 빌헬름 제국 시대 영웅적인 투쟁으로 자신을 관철했던 야당 전통을 과시했다. 이 행사의 목적은 역사 속에서 당이 이룩한 자기 정체성을 확인하는 것이었는데 노동자 합창단의 합창도 여기에 기여했다. 투쟁적인 노동자 합창 공연은 현재 직면한 어려움에도 사회주의라는 유토피아가 그들의 목표라는 것을 마음속에 울리게 해주었다. 어린이·청소년 교육에 대한 적극적 관심과 참여도 이 시기 사회민주주의적 노동자 환경에서 특징적이었는데, '어린이의 벗' 운동이 바로 그것이다. 이 운동의 중심 목표는 민주주의와 사회주의를 이끌어갈 젊은이들을 키우는 것이었다.

제1차 세계대전 이후 마리 유하츠Marie Juchacz 등에 의해 노동자복지회AWO: Arbeiterwohlfahrt가 설립되었는데, 시대의 구체적인 사회복지 문제를 돌보면서 동시에 공공 사회복지 정책도 촉진하려는 목적에서였다. 이후 노동자복지회는 여성이 주도하는 사민당의 주요 조직이 되었는데 그 활동은 회원 사이의 사교와 같은 요소도 일정 기능을 수행했다. 이외에도 사민당 영역에서 성장한 각종 동호회의 주도적 역할도 중요했는데 이들은 자체적인 후생복지 시설로 체조용 실내 체육관, 축구장, 어린이 수련원, 휴양 시설 등을 설립하기도 했다.

계속 다양한 노동자 문화단체와 여가 단체가 설립되었다. 예를 들어 특정 운동 종목, 낚시, 사격, 주말농장, 성악, 아마추어 연극, 채식주의, 자연치료법이나 자유신체 문화, 라디오 청취와 사진 등을 다루는 동호회가 결성되었다.

결론적으로 이 단체들이 어느 정도 정치화 기능 아니면 탈정치화 기능을 수행했는지 판단하기는 어렵다. 어쨌든 다양하게 발전했던 노동자문화단체는 대중여가 문화, 영화, 라디오, 화보, 주간지에 의해, 그리고 노동자 스포츠에서는 별다른 큰 역할을 하지 않았지만, 그래도 점점 노동자 대중을 매혹시켰던 축구와 권투 등에 의해 심각하게 도전받고 있다고 느꼈고 그에 대응하기도 했다. 노동자문화단체들은 이들과 경쟁 상황 속에 있었던 것이다.

사민당과 공산당의 관계도 문제였는데 이 때문에 1920년대 이후 부분적으로 노동자문화단체들의 분열과 불화가 초래되기도 했다. 하지만 대다수 노동자 협회들은 사민당 진영에 남았다. 물론 사민당과 공산당의 대립적 발전이 사회주의 노동자 환경에 아무 영향도 남기지 않은 것은 아니다. 두 정당은 사회적·문화적으로도 차이가 있었다.

사회민주주의 진영에서는 숙련 노동자가 다수를 차지했으며, 사민당원 가운데 사무원과 공무원의 비중은 점점 증가했다. 따라서 사민당은 여전히 계급정당 개념을 주장하고 있기는 했지만 분명히 국민정당으로 가는 도중에 있었다. 반면 공산당은 사회적으로 이와 다른 구조를 갖추고 있었다. 미숙련 노동자의 비중이 뚜렷이 컸으며 노동자들의 평균연령도 사민당의 경우보다 낮았다.

1920년대 사민당 내에서 진행된 이론 논의에서는 일종의 복지 부동주의不動主義 테제가 제기되었으며 실제로 세대 간 대립 징후도 있었다. 당내 좌파 진영의 일부가 탈당해 사회주의노동자당SAP을 창당했을 뿐 아니라, 당내 우파 진영에서도 젊은 사민당원들이 사민당의 행동 전략 결여나 실천 의지 부족을 비판하며 독자적인 그룹을 형성했다. 청년 사회주의자들로 구성된 호프가이스마르 그룹과 사회주의 신보Neue Blätter für den Sozialismus 그룹이 그것이었다.

사회민주당의 공화국 수호 정책

"민주주의는 충분하지 않으며 사회주의가 우리의 목표!"라는 당내 좌파의 은근한 목소리가 있기는 했지만, 사민당은 바이마르 공화국에서 점차 유일하게 의미 있는 헌법적 정당으로 남았다. 사민당은 다른 어느 정당과도 달리 공화국을 지키고자 애썼지만 결국은 몰락했다. 그 책임은 일차적으로 사민당 외부의 많은 요인에 있었다.

우선 세계경제 대공황과 대량 실업에 직면한 대통령 내각 시기의 치명적인 국면 전개에 주목해야 한다. 이 상황들은 사민당과 노동조합의 행동반경을 점차 축소시켰다. 이미 일찍부터 시작되었던 중산층

우경화가 이 시기에 강화되었고 나치당NSDAP: Nationalsozialistische Deutsche Arbeiterpartei이 대중운동으로 발전하고 나아가 최대 정당이 되었다. 전반적으로 다양한 지지층과 형식의 반反민주주의 세력이 성장했다. 좌익 진영에서는 공산당이 총선거에서 뚜렷이 성장세를 보여서, 급진주의 정당을 배제하고 나면 과반수 의석에 기반을 둔 정부 구성이 불가능한 상황이었다. 대결 양상도 점차 폭력적이 되어갔다. 구체적으로 거론하자면 나치의 '돌격대SA: Sturmabteilung'와 공산당의 '붉은 전선Rotfront'이 중심이었으며, 그 맞은편에는 '제국기수단Schwarz-Rot-Gold'과 '철의 전선Eiserne Front'이 있었다. 이 두 단체는 공화국 수호 단체로서 그 형식과 자기 정체성에서 좌우의 급진파 진영과 분명한 차이를 보였다. 정치의 변화, 비합리주의의 성장, 폭력적 성향은 감정적 분출보다 법치주의적이고 계몽 지향의 선전 정책을 추진하는 사민당을 매우 곤혹스럽게 했다.

NSDAP의 성격은 사민당 내에서 철저히 파악되었다. 사민당 이론가들은 나치운동(파시즘 전반도 포함)에 관한 정교하고 날카로우며 세분화된 분석을 내놓았다. 여기에는 이들의 등장과 관련된 사회변동 과정뿐 아니라 새로운 정치 개념 그리고 그와 연관된 조직 구조에 대한 분석도 포함되어 있었다. 물론 전체주의에 관해서는 아직 현실감 있게 파악할 수 없었으며 어떤 면에서는 사회주의자법 시기에 겪었던 위험이나 박해가 재현될 것으로 믿었던 측면도 있다. 하지만 그렇다 할지라도 사민당이 나치운동을 전반적으로 과소평가했다고는 말할 수 없다. 벨스와 브라이트샤이트 같은 지도적 사회민주주의자는 무엇보다 무솔리니 파시즘과 스탈린 공산주의에 공통된 전체주의적인 정치 충동을 꿰뚫어보는 이론(당시 제대로 완성된 것은 아니지만 매우 주목할 만했다)을 제시했다.

1930년 9월 히틀러와 나치운동에 대승리를 가져다주었던 제국의회 선거 후 성립된 브뤼닝 내각은 부분적으로는 힌덴부르크와 그의 배후 세력들이 원하는 반反민주적인 노선을 추구했다. 그런데도 사민당은 브뤼닝 내각에 대해 관용 정책을 실시하기로 결심했다. 현실적으로 권위주의적인 우파 독재 아니면 독일국가민족당DNVP: Deutschnationale Volkspartei 총수 알프레드 후겐베르크Alfred Hugenberg가 수상이 되고 나치당을 참여시키는 내각 외에 다른 대안이 없는 듯했기 때문이다. 사민당은 어떤 경우에도 나치당이 정권에 참여하는 것은 저지하려 했다. 동시에 사민당은 관용 정책을 통해 예전과 다름없이 프로이센 주에서 '바이마르 연정' 내각을 이끌고 있는 사민당 주지사 오토 브라운Otto Braun 정부를 민주주의의 보루로 여겨 지켜내고자 했다. 실제로 사민당은 자기 당이 정권에 참여하고 있던 프로이센과 몇몇 주에서 나치당과 그들의 군사 조직의 역할을 제한하고자 시도했으며 돌격대 금지령을 관철시키는 것도 망설이지 않았다. 물론 이러한 조치들은 힌덴부르크를 비롯한 우파 세력에 의해 거부되었다.

그렇기 때문에 사민당이 이끄는 프로이센 정부가 1932년 7월 20일 프란츠 폰 파펜Franz von Papen 수상이 단행한 일종의 쿠데타에 의해 권력을 박탈당하게 된 것은 엄청난 충격이었다. 이는 사실상 사민당이 보유하고 있던 실질적인 권력의 마지막 보루를 빼앗겼다는 것을 의미했다. 분명히 사민당은 1932년 4월 24일 프로이센 주 의회 선거에서 많은 표를 잃어 겨우 최소의 업무 수행만 가능한 정부를 유지했다(나치당이 36.3%를 얻은 데 비해 사민당은 겨우 21.2%를 얻는 데 그쳤다). 제국과 프로이센 주 사이의 관계를 새롭게 규정하기 위한 조치라는 명분으로 포장된 프로이센 정부의 권력 박탈은 바이마르 민주공화국에도 심각한 도전이었다. 사민당 지도부는 노조 지도부가 총파업 실시에 반대 의사를 표명한 후 가능한 합법적 조치로 법원에 소송을 제기함으로써, 그리고 임박한 총선거에 더욱더 결연히 참여하는 방식으로 대응하기로 결의했다. 여기서 사민당은 자신들이 합법적인 방법으로 대응한다는 점을 강조했다. 지도부는 행동을 위해서는 대중의 투쟁 의지를 더 확실하게 파악해야 한다고 믿었기 때문에 대중 동원과 같은 합법주의 저편의 대안적 전략은 (사민당 대중 조직인 제국기수단은 위로부터의 명령을 기다리고 있던 반면에) 실현되지 않았다. 지도부는 힘겨루기가 발생할 경우 사민당이 이길 가능성은 없다고 판단했으며, 이는 오늘날의 역사적 평가에도 부합한다.

사민당의 약화에는 여러 가지 요인이 작용했다. 먼저 혁명기 이래 사민당과 공산당 사이의 대립 관계가 실질적으로 해소될 수 없었다. 게다가 1920년대 이래 공산당은 (스탈린과 코민테른의 영향 아래) 사회민주주의를 '사회파시즘'이라 공격하고 '주적'으로 선언했기 때문에 양당의 관계는 계속 악화되었다. 코민테른이 1934년에 가서야 비로소 마지못해 철회했던 공산당의 철저한 반反사민당 노선은 파시즘에 직면한 당시의 위기 상황에 치명적인 전략이었다. 공산당은 사민당의 민주주의 수호 투쟁에서 사민당을 지원하지 않았을 뿐 아니라 오히려 정반대로 모든 수단을 동원해서 사민당 타도를 시도했다. 그들의 목표는 소비에트 독일의 건설이었다.

1931/32년 사민당의 정치는 당의 고립 상태를 반영한 방어적 노선으로 각인되었다. 당내 경제 전문가들의 영향을 받은 당 지도부들은 일자리 만들기 조치ABM에 대해서 주저하는 자세를 보였고, 노총ADGB: Allgemeiner Deutscher Gewerkschaftsbund의 WTB[4] 계획에 마지못해 동의했다. 사민당에서 벗어나 독자 노선을 모색하기 시작했던 노동조합 측은 이제 정당 경계를 넘어서 다양한 진영에서 노동자들의 이해를 대변하는 세력을 끌어들이고자 한 쿠르트 폰 슐라이허Kurt von Schleicher의 진영 횡단 전략에 동조할 준비가 되어 있었다. 그러나 다른 노조연맹과 함께 단일 노조를 결성하려는 노총 ADGB의 시도가 더 이상 성공하지 못하면서 이것도 사민당의 입지를 약화시켰다.

이념상 사회민주주의는 나치 진영뿐 아니라 모스크바식 공산주의

---

4 WTB는 세계경제 대공황 당시 일자리 창출을 통해서 경기를 부양하려는 노동조합 측(ADGB)의 계획이었다. 이 계획을 입안한 세 사람 블라디미르 보이틴스키(Wladimir Woytinsky), 프리츠 타르노브(Fritz Tarnow), 프리츠 바데(Fritz Baade)의 이름 앞 글자를 따서 WTB 플랜이라 불렀다.

사민당 당수 오토 벨스 나치의 테러 위협 아래 개최된 바이마르 공화국 마지막 의회에서 당당히 연설하는 모습이다.

와도 구별되는 민주주의적인 대안이었다. 하지만 민주주의를 추구하는 그들의 노선을 설득력 있게 인식시켜서 이미 매우 줄어든 기타 민주주의 사회의 대다수 구성원이 사민당과 연합할 수 있을 만큼(분명히 그런 경향이 있었지만) 사민당은 충분히 강하지 못했다.

히틀러와 나치운동은 보수적인 독일 민족진영이나 구 엘리트들과의 제휴를 통해 (사민당과 공산당의 결연한 반대에도 불구하고) 정권을 장악했다. 1933년 1월 30일 히틀러에게 권력이 넘어간 후에는 사민당이 성공적으로 저항할 가능성이 실제 존재하지 않았다. 나치는 즉각 한편으로는 민족 부흥을 연출·고무하고, 다른 한편으로는 테러를 통해 정적들을 겁주기 시작했다. 이런 상황에 영향을 받은 1933년 3월 5일 선거에서 사민당은 18.3%(1932년 11월 20.4%, 1932년 7월 21.6%에 비해 감소)의 득표율을 기록했다. 이 시점에도 아직은 어느 정도 사민당의 존재 의미를 부각시킬 수 있었다는 뜻이다. 물론 당 대표 벨스는 좌절하면서 "우리는 사실상 패배했으며 처음부터 다시 시작해야 한다"라고 다짐했다.

사민당은 나치의 거센 협박에도 제국의회 정당으로 유일하게(공산당은 이미 이전에 해산되었다) 대단히 상징적인 행동 방침에 합의했는데, 이는 사민당의 명예뿐만 아니라 독일 의회주의를 구원하는 행위였다. 1933년 3월 23일 바이마르 공화국 헌법을 사실상 폐기하는 전권위임법이 상정되었을 때 이에 대해 동의를 거부했던 것이다. 반대 이유를 밝히는 연설에서 사민당 총재이자 원내 사무총장 벨스는 히틀러와 나치 의원들에게 외쳤다. "이 역사적 순간에 우리 독일 사민당은 인간다움과 정의, 자유와 사회주의의 기본 원칙을 신봉함을 엄숙히 선언한다. …… 그 어떤 전권위임법도 영원불멸할 사상을 파괴할 권력을 당신들에게 주지 않을 것이다." 또한 다음과 같은 말로 사민당의 도덕적 우월성을 주장했다. "우리에게서 자유와 생명을 빼앗을 수는 있겠지만 명예는 빼앗지 못할 것이다." 이 맥락에서도 (나치의 잔혹성과 그 귀결을 과소평가하면서) 사회주의자법에 대한 언급이 빠지지 않았다. "새로운 박해에서도 독일 사민당은 새로운 힘을 이끌어낼 수 있을 것이다."

사실상 이후 수개월간 사민당은 나치가 자행한 가혹한 박해에 희생되었다. 특히 반나치운동에 노출되었던 사회민주주의자들은 박해를 받고 이른바 '마구잡이 집단수용소'로 끌려가 학대와 모욕으로 일부는 목숨을 잃었다. 제국의회 의원으로서 업무를 계속 수행하려던 사민당 의원들은 옴짝달싹할 수 없는 처지에 놓였다. 생명의 위협에 직면한 지도적 사민당 인사들은 외국으로 망명했으며, 5월 10일 당의 시설은 모두 몰수되었고, 6월 21일 당의 어떠한 활동도 금지되었다. 결국 7월 14일 사민당은 공식적으로 금지되었다. 나치의 관점에서 볼 때 사회민주주의자는 독일에서 박멸되어야 할 마르크스주의 세력으로 인식되었다. 모든 형태의 '마르크스주의적인' 노동운동을 제거하는 것이 바로 나치의 '민족혁명'을 위한 필수 조건이었다.

06

박해, 저항, 망명

1933~1945

의심할 여지 없이 제3제국 시기는 독일 사회민주주의의 (독일 사회와 마찬가지로) 깊은 단절기였다. 하지만 이 단절기를 뛰어넘는 연속성이 망명지도부Sopade 조직에서, 그리고 자기 자신을 계속 사회민주주의자로 느꼈던 사람들의 생각과 행동 속에서 존재했다.

1933년에서 1935년 사이에 수천 명의 사회민주주의자들이 일단은 '마구잡이식' 수용소에, 나중에는 국가가 설립한 초기 집단수용소(다하우, 엠슬란트)에 끌려가고, 학대받고, 살해되었다. 그들 중에서 유대 출신 사회민주주의자들이 특히 혹독히 박해받았다. 수천 명의 사회민주주의자들은 일단 인접한 외국으로 갔다가 이후 더 먼 외국으로 도피했다. 나치에게는 자신들의 통치를 위해 정적을 제거하는 것이 관건이었다. 그런데 이 경우는 나치운동에 적대적으로 맞섰던 사람들에 대한 노골적인 보복심도 분명 동기로 작용했다.

사민당은 나치에 맞서 저항 투쟁을 전개할 사전 준비가 되어 있지 않았다. 분명 제국기수단 단장 테오도어 하우바흐Theodor Haubach처럼 유사시에 대비해 조직원 사이에 연락망을 구축하려 시도한 경우도 있었다. 그러나 대부분의 당 산하 조직이나 당시까지 사민당의 거점 지역에서 활동하던 다양한 사회민주당 계열 단체들은 서로 소통하고 단합하기 위해 모임을 지속했다. 울리히 보르스도르프Ulrich Borsdorf는 이를 다소 과장해서 "기다림의 저항"이라고 표현했다. 많은 사람들은 단순히 "겨울나기", 다시 말해 사회민주주의자로서 살아남기를 원했다.

사회민주주의를 따르는 신념 공동체는 나치 시대 동안 부분적으로 명맥을 유지했지만 사회주의적 노동자 환경에서 저항운동이 저절로 태동하지는 않았다. 저항은 각 개인과 소그룹의 의식적인 결단이었다. 1933년 5월 이래 반反나치 저항운동을 전개했던 것은 ISK,[1] SAP 또는 노이 베기넨Neu Beginnen 같이 당내에서 특히 독자적인 노선을 걷던 비판적 그룹이나 당 주변의 그룹이었다. 특정 직업 분야에서는 저항 투쟁이 비교적 용이하게 실행될 수 있었다. 예를 들어 나치 정권 초기 한스 얀Hans Jahn이나 아돌프 쿠머누스Adolph Kummernuss를 중심으로 한

---

1 국제사회주의투쟁동맹(Internationaler Sozialistischer Kampfbund)의 약자로 나치 정권에 맞서 강력한 저항운동을 전개했던 사회민주주의 조직이다.

철도노동자나 운송노동자들의 저항 활동이 잘 알려져 있다.[2] 그중 어떤 그룹은 지금까지의 사민당 조직 구조와 무관하게 독립적으로 저항 활동을 전개했다.

그러나 전체적으로 볼 때 저항운동을 전개하기에는 상황이 급속히 악화되었다. 나치 체제는 독일 사회를 지배할 뿐 아니라 완전히 장악했으며, 국민 다수를 체제에 결합시키는 데까지 성공했다. 그 결과 저항운동이 몹시 어려워진 것이다. 이 상황에서 사회민주주의자들이 겪어야 했던 희생은 컸으며, 공산주의자들의 희생은 더 컸다. 물론 여기서 공산주의자들의 커다란 희생이 어느 정도로 별 의미 없는 소모적인 전략과 전술 때문이기도 했던 것은 아닌지 의문이 제기된다.

오토 벨스와 한스 포겔Hans Vogel을 총재단으로 하는 망명지도부는 처음에는 프라하에 자리 잡았다가 체코의 수데텐 지방이 독일에 점령되는 등 돌발 사태가 발생하자 파리로, 그리고 런던으로 자리를 옮겼다. 그들은 1934년 1월 24일 발표된 프라하 선언을 통해 변화된 국제정치 구도를 고려한 결론을 이끌어냈다. 이 선언에서 지도부는 그동안 잘 언급하지 않던 마르크스주의적 어휘를 동원하면서 나치 독재에 대한 반대 투쟁을 당의 혁명적 전통에 접목하려 시도했다. 선언문은 '위대한 불멸의' 사회민주주의 사상에 대한 맹세로 마무리되었다.

2 이들은 나치의 집권에 대비해서 노동조합의 비밀 조직망을 준비했으며, 히틀러 집권 후 국제 노동단체들과 연대하며 저항운동을 전개했다. 특히 전쟁 개시 후에는 나치의 운송을 방해하는 사보타주 활동도 전개했다.

> 우리는 자유 없이 살기를 원치 않으며 반드시 자유를 쟁취할 것이다. 계급 지배 없는 자유, 인간에 대한 인간의 모든 지배와 착취를 완전히 종식시킬 자유를! …… 자유를 통해 사회주의로, 사회주의를 통해 자유로!

망명지도부는 국경 통신원들을 통해 독일 내의 조직 책임자들과 연락망을 유지했으며 그들로부터 오는 정세 보고서를 평가했고, 제국 내에서 벌어지는 사태에 관한 정보를 얻으려고 시도했다. 망명정부와 저항 조직들은 서로 공조했다. 물론 망명지의 사회민주주의자들은 그들의 계몽 활동이 국제 여론에 별 영향을 행사하지 못한다는 것을 뼈저리게 체험했다.

망명지에서도 노동운동 내부에 존재하던 반목은 극복되지 않았다. 오히려 정반대로 분파주의적 행동으로 기우는 경향이 더욱 뚜렷하게 드러났다. 사회민주주의자들과 공산주의자들 사이의 대립도 기껏해야 부분적으로 해소되었을 뿐이다. 코민테른은 1935년에 가서야 사민당에 연합전선을 제안했는데 사회민주주의자를 사회파시스트라고 공격하던 전술을 비로소 철회했던 것이다. 집단수용소에서조차 갈등은 계속되었다. 그나마 공산당과 사민당 사이에 위치했던 작은 단체들이 전쟁 와중에 다시 사민당 쪽으로 복귀했다. 1941년 런던에서 '재영在英 사회주의단체연합'이 설립되었는데 여기에는 스탈린에 대한 무조건적인 충성 때문에 함께할 수 없었던 공산주의자를 제외한 모든 사회주의 그룹이 참여했다.

당시 망명 사민당 본부가 있던 파리의 한 건물

나치 시대 내내 독일 영토 안에도 자신들의 정치적 정체성을 지키면서 나치 체제에 등을 돌리고, 나치 정권과 거리를 두고자 했던 사회민주주의자들이 있었다. 그러나 많은 사람들이 스스로 지킬 수 없다고 생각해 체제에 적응했다는 것은 의심할 여지가 없다. 노동자계급도 국가사회주의나 나치 체제의 매력적인 측면에 대해 지속적으로 면역력을 유지할 수는 없었다.

나치 집권 초기인 1933~1935년에 박해를 받았던 일련의 사회민주주의자들이 그 후에도 저항적인 행동을 포기하지 않았다는 사실은 특기할 만하다. 율리우스 레버Julius Leber, 빌헬름 로이슈너Wilhelm Leuschner, 테오도어 하우바흐, 카를로 미렌도르프Carlo Mierendorff 등 사민당 인사들은 고위 군부와 관료들 가운데 형성된 저항운동 세력과 접촉하는 데 성공하기까지 했다. 이 군부들과 공직자들은 결국 1944년 7월 20일에 히틀러 암살을 통한 권력 장악을 시도했다. 그 목적은 전쟁 종식이었지만 이에 실패한다 해도 최소한 히틀러의 정책과 나치 체제의 비인간성에 맞선다는 신호를 남기기 위한 것이었다. 이 저항운동은 주로 군부 지도층과 고위 관료층 출신이 주도했고 제3제국에 대한 정치적·사회적 대항 콘셉트가 있었지만, 특히 크라이자우 그룹에서 보이는 사회민주주의자의 비중은 결코 적지 않았다. 거사가 성공할 경우 수상으로는 카를 괴르델러Carl Goerdeler가 내정되었지만 클라우스 폰 슈타우펜베르크Claus von Stauffenberg는 차라리 사회민주주의자인 레버를 수상으로 세우고 싶어 했다. 레버는 내무부 장관으로 예정되었

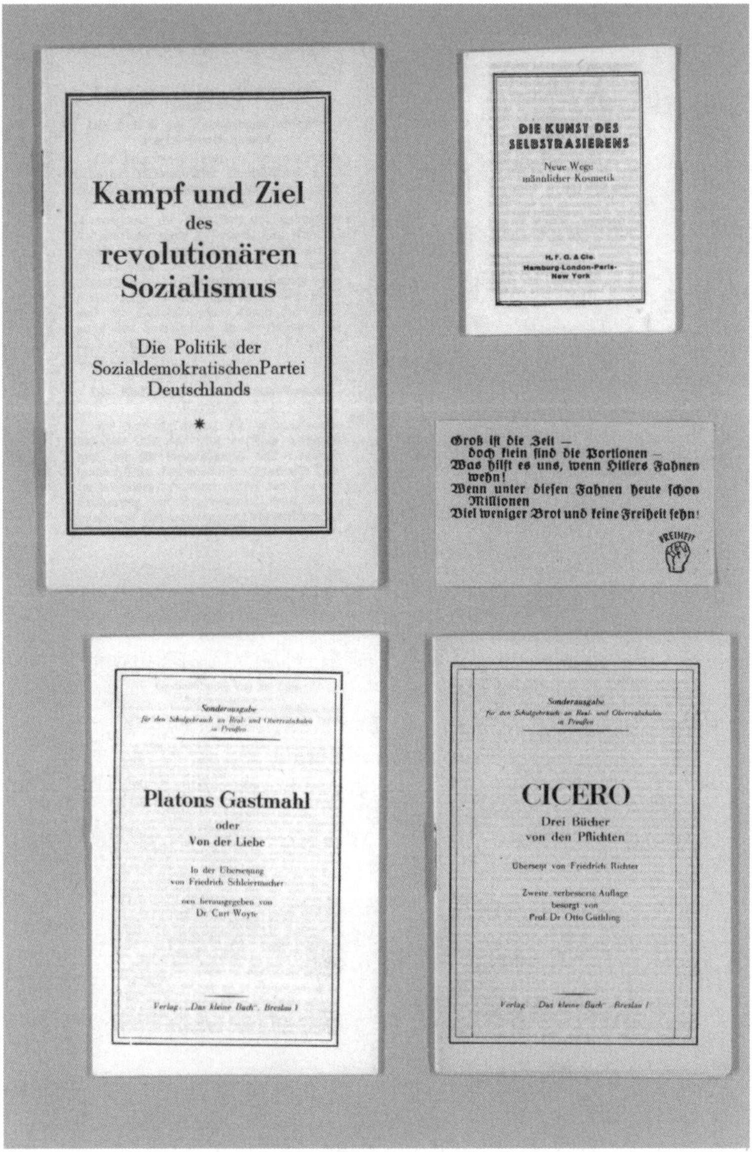

나치 치하의 독일 사회에 비밀리에 유포되어 저항을 촉구하던 망명 사민당의 전단

었다. 이전의 사민당 출신 헤센 내무부 장관이자 노조 간부였던 로이 슈너는 부수상으로, 하우바흐는 정부 대변인이자 정보국 국장으로 예정되었었다. 암살 기도가 성공했을 경우 상황이 어떻게 전개되었을지는 상상으로 남을 수밖에 없다. 아마도 (레버가 생각했듯이 망명자들이나 국제적인 구도의 영향도 작용해) 사회민주주의적 요소가 강하게 작용했을 것 같다. 저항운동에 참가한 인물들의 목숨을 앗아간 암살 실패 때문에 전쟁은 계속되었으며 희생자 수는 엄청나게 증가했다(레버는 뤼베크에 있는 친구들에게 "옳고 정당한 사안을 위해 목숨을 바치는 것은 정당한 대가"라고 전달하도록 했다).

독일 사회민주주의에도 나치 시대와 전쟁은 재앙이었다. 오토 벨스나 한스 포겔 같은 사민당의 지도적 인사들은 망명지에서 사망했고 루돌프 브라이트샤이트나 루돌프 힐퍼딩, 에른스트 하일만Ernst Heilmann, 율리우스 레버, 테오도어 하우바흐, 아돌프 라이히바인Adolf Reichwein, 프리츠 후제만Fritz Husemann 같은 이들은 나치에 의해 살해되었다. 많은 사회민주주의자들은 전선에서 사망했으며, 적지 않은 수는 징벌부대에서 사망했다. 쿠르트 슈마허Kurt Schumacher처럼 매우 쇠약해진 채 집단수용소에서 생존한 이들도 있었다. 집단수용소와 교도소에서 살아남아 전후 시대 사민당에서 다시 일정한 역할을 수행했던 일련의 사회민주주의자 중에는 쿠르트 슈마허 외에도 헤르만 뤼데만Hermann Lüdemann, 알프레드 쿠벨Alfred Kubel, 프리츠 슈타인호프Fritz Steinhoff, 프리츠 에를러Fritz Erler, 프리츠 헨슬러Fritz Henßler, 게오르크 디데리히스Georg

Diederichs, 헤르만 브릴Hermann brill 등이 있었다. 브릴은 옛 수용소 죄수들의 '부헨발트 맹세' 작성에 깊이 관여했었다.

'날마다 독일 쪽을 바라보며' 살았던 망명 사민주의자들은 전쟁 중 보편화되어간 반독일적 경향, 즉 밴시터트 주의Vansittartism[3]와 집단범죄 테제[4]등을 부인했다. 그들은 망명 기간에 전후 독일에 어떠한 새로운 체제를 구축할지, 그 방안을 구상했다. 모든 이들은 전후 독일이 통일성을 유지하기를 바랐지만, 원칙적으로 독일을 유럽적 맥락 안에 자리매김하기를 원했다(어떤 이들은 통합된 유럽을 구상했다). 여기에서 미국과 소련이라는 초강대국 옆에 위치한 제3의 세력, 무엇보다도 자본주의와 공산주의에 대한 대안으로서의 제3의 길에 관한 구상이 감지될 수 있었다. 제3의 길 콘셉트 안에서는 한편으로는 민주주의와 인권이 더 이상 단순히 목적을 위한 수단이 아니라 필수 불가결한 것으로 인식되었으며, 다른 한편으로는 행정과 경제 일부의 광범위한 사회주의적 변혁이 모색되었다. 망명 사회민주주의자 대부분에게는 당연한 다원주의적인 서방의 민주주의와 북유럽 민주주의를 경험한 것이 매우 중요했다. 이는 오랫동안 그들을 사로잡고 있던 마르크스주의적 사고방식과 정치 성향을 약화시키는 결과를 가져왔던 것이다.

독일 영토 내에서 생존에 성공한 사람들은 망명에서 돌아온 사람

---

3 영국 외교관 로버트 길버트 밴시타트(Robert Gilbert Vansittart)가 공격적 팽창은 독일 외교 정책의 특성이라고 주장한 데에서 기원한다.

4 모든 독일인이 나치의 범죄에 대해 공동 책임이 있다는 주장이다.

들보다 독일 사회민주주의의 전통에 따르고자 하는 경향이 강했다. 그들이 나치 시대에 (슈마허와 같이) 오랜 세월 구금되었던 경우에는 이런 경향이 아마 더욱더 강했던 것 같다. 하지만 전쟁 후 이제 새 출발을 해야 했던 독일 사회는 바이마르 당시와는 다른 사회였다. 즉, 전통적인 노동자 환경은 이완되었으며 옛 신념은 사라졌다. 무엇보다 많은 사람들은 나치 시대와 전쟁 경험을 통해 인간과 역사에 대한 믿음을 잃었다. 사람들은 완전히 변화된 상황과 마주했다.

07

전후 시대의 방향 설정

전쟁과 제3제국은 역사상 유례없는 파국으로 끝났다. 수백만 명의 사망자가 발생했고 도시는 공습으로 초토화되었으며 경제는 붕괴했다. 수십만 명의 집 없는 사람들과 엄청난 식량문제, 거대한 주거지역 파괴가 발생했으며 연합국에 의한 점령과 분할 통치가 일어났다.

이런 상황에도 불구하고 많은 지역에서 독일 사민당이 신속히 재건된 사실이 주목을 끈다. 공식적인 항복 선언이 있기 전 그리고 연합국이 정치 활동을 허용한다는 발표가 있기도 전에 당이 재건된 사례들이 있었다. 그리고 1945/46년, 당이 바이마르 시대의 수준을 훨씬 넘어서는 수준으로 급속히 성장한 것은 많은 사람에게(옛 사민당원들과 그 자녀들, 새롭게 사민당에 입당한 사람들에게도) 사민당이 희망이었음을 깨닫게 해준다. 당 재건이 어느 정도 옛 사민당의 계승에만 그칠지 아니면 새로운 노선을 가게 될지는 우선 미정 상태였다. 바이마르 사민당의 재건, 공산주의자를 포함한 사회주의 신당의 창당, 독일 노동당 또는 좌파 국민정당의 창당 등이 가능한 선택지였다. 결국 서로 다른 점령 정책을 추구하는 연합국들에 크게 영향을 받는 독일의 전후 상황 그리고 사민당에 참여했던 사람들에 의해 결정이 내려졌다.

많은 지역에서 당 재건의 주도권을 행사한 것은 바이마르 시대의 사민당원들이었다. 그들은 살아남았고, '겨울을 이겨냈으며', 그들 가운데 소수는 저항운동에 참여했거나 체제를 거부하고자 노력했던 사람들이었다. 많은 이가 주요 산업 부문에서 일했거나 직접 군인이 되어 전선에서 전쟁을 체험했고, 후방에 머물렀던 다른 이들은 공습을 겪었다.

나치에게 박해받고 교도소에 수감되거나 10년간 강제수용소 생활에서 생존한 슈마허처럼, 강제수용소에 끌려갔던 사회민주주의자들도 있었다. 전후에 사민당 출신으로 주지사를 지냈던 몇몇 인사들도 이 그룹 출신이었다. 크리스티안 슈토크Christian Stock(헤센), 헤르만 뤼데만(슐레스비히홀슈타인), 게오르크 디더리히스와 알프레드 쿠벨(니더작센), 슈타인호프(노르트라인베스트팔렌) 등이다. 그 외에도 전쟁 직후와 서독 건국 초기에 활동한 유력한 인사들을 언급하자면 1860년대에 원내 사무총장과 당 부총재를 지낸 프리츠 에를러 또는 발터 콜브Walter Kolb, 프리츠 헨슬러, 로베르트 괴를링거Robert Görlinger 그리고 마르타 푹스Martha Fuchs나 자네테 볼프Jeanette Wolff 같은 여성도 들 수 있다.

망명지에서 돌아와 전후 시기에 중요한 역할을 수행한 인물들도 있었다. 에리히 올렌하우어Erich Ollenhauer, 에른스트 로이터Ernst Reuter, 빌리 브란트Willy Brandt, 막스 브라우어Max Brauer, 빌리 아이힐러Willi Eichler, 하인츠 퀸Heinz Kühn, 발데마르 폰 크노에링겐Waldemar von Knoeringen, 에르빈 쇼에틀레Erwin Schoettle 등이다. 그들은 서유럽이나 북유럽의 사회민주주의적 사고를 가져와서 독일 사민당에 전달해주었다. 독일 공산당 지도부의 일원이었다가 스탈린주의 경험을 청산하고 사회민주주의자로 변신한 헤르베르트 베너Herbert Wehner는 전후 시기 가장 영향력 있는 사회민주주의자의 한 사람이 되었다.

그러나 아돌프 아른트Adolf Arndt, 카를로 슈미트Carlo Schmid, 카를 실러Karl Schiller 또는 프리츠 바워Fritz Bauer와 같이 부르주아적 배경을 가진 결연한 민주주의자들도 사민당에서 일정한 역할을 수행했다. 슈마허 지도하의 새 사민당은 나치 시대 히틀러청소년단HJ: Hitler Jugend 세대에 속했다가 이제 새로운 방향 설정을 모색하는 젊은이들에게 다가가는 데도 성공했다.

독일 내에 머물렀던 이들, 망명했던 이들, 수용소에 갇혔던 이들, 히틀러청소년단에 속했던 청년 세대에 이르기까지, 이들은 서로 다른 방식으로 나치 시대를 겪은 집단들이었다. 그들은 동일한 것을 경험한 공동체는 아니었지만 최근의 과거사를 극복하고 사민당에 적극 참여해 하나의 새로운 체제, 즉 자유로운 사회주의적 질서와 평화를 수립하고 싶어 한다는 점에서 한뜻이었다.

전후 시대에는 사회민주주의가 여러 측면에서 사회적·세대적으로 확산되었는데 이는 정치 노선에도 적용되었다. ISK, SAP, 노이 베기넨처럼 저항운동과 망명지에서 중요한 역할을 수행했던 독자적인 사회주의 성향의 그룹들이 사민당에 합류했다.

공산주의자들과의 관계는 어려웠다. 작센과 튀링겐, 한자 도시들에서도 사회민주주의자 가운데 노동운동의 분열을 극복하려는 바람이 있었다. 이 지역의 경우 사회민주주의자들과 공산주의자들은 대개 동일한 사회주의적 노동자 환경 출신이었다. 분열 극복을 향한 바람에는 1933년 나치에 대한 패배 경험, 나치 시대 공산주의자들의 저항운동에 대한 존중심 또는 베벨의 정당을 재건하려는 구상 등도 작용했다. 그런데 여기에는 다음과 같은 중요한 사실이 간과되었다. 사회민주주의자들과 공산주의자들 사이의 대립은 제1차 세계대전 후 전개된 불운한 사건의 결과나 단지 급진성의 정도 차이가 아니라 뚜렷하게 대립되는 정치적 기본 원리와 가치 때문이며, 따라서 그간의 불행한 발전을 쉽게 되돌릴 수는 없을 것이라는 사실이었다. 특히 승전연합국의 하나인 소련이 공산주의의 패권을 보유하고 있으며 이들은 공산주의 지배 영역의 확산을 추진하고 있었기 때문에 더욱 그러했다. 서부·남부 독일의 사회민주주의자들은 대개 사민당이 공산주의자를 포함하는 정당이 되는 것에 반대했다. 공산주의자들에 대한 회의감은 독일 공산당과 소련의 점령 정책이 영향을 행사한 1945년이 지나면서 널리 확산되었다.

슈마허는 이미 1945년 5월 6일에 사민당의 강령을 들고 대중에게 향했다. 그는 사민당의 옛 거점 중 하나였던 하노버를 영국 점령 구역의 사민당 중심지로, 그리고 곧 서방 점령 지역 전체의 중심으로 만들었다. 6월 중순부터는 오토 그로테볼Otto Grotewohl이 의장을 맡은 사민당 중앙위원회가 베를린에서 열렸다. 각 지역의 사민당을 조율하며 이끈다는 명분에서였다. 이 명분은 서방 점령 지역에서는 (베를린에서 개최될 위원회가 소련 점령 당국에 종속된다는 우려 때문에) 인정받지 못했다. 이런 입장은 이미 1945년 10월 하노버 인근의 베니히센에서 열린 점령 구역 협의회에서 뚜렷하게 드러났었다. 서방 점령 구역과 소련 점령 구역의 사민당은 곧 각기 다른 길을 가게 되었는데 동쪽 점령 구역에서는 이것이 강압적으로 진행되었다.

전체적으로 보아 전통적인 사회도덕적 노동자 환경, 특히 그렇지 않아도 다양한 모습으로 형성되었던 사회주의 노동자 환경은 나치 정책과 전쟁을 통해 느슨하게 이완되었다. 서로 다른 전쟁 경험 그리고 나치 교육이 각 세대에게 남긴 상이한 흔적을 통해 여러 차이점이 드러났다. 어떤 측면에서 패전 후 몰락한 사회에서의 정치적·도덕적 지향성은 바이마르 공화국 때보다 더 산만했다. 이 때문에 교회뿐 아니라 민주적인 정당들도 새로운 과제 앞에 서게 되었다. 물론 의식주와 같은 일차적인 문제가 우선시되었으며 전통적인 가족적 연대 구조가 다시 소생했다. 하지만 동시에 사생활로의 후퇴도 간과될 수 없는 사실이었다. 광범위한 통합을 수반하는 정치화는 이제 반대에 부딪혔다. 사민당이 (청소년 조직이나 개별 조직들을 제외하면) 더 이상 전통적인 노동자운동문화를 복원하려 시도하지 않았다는 사실은 이러한 배경에서 설명될 수 있다. 이는 의식적인 결정이었던 것이다. 그들은 노동자문화나 노동운동문화가 있던 자리에 민주주의 문화를 창조하려 했다. 브란트는 다음과 같이 회고했다.

> 1945년에 우리는 1933년 멈춰서야 했던 그곳에서 단순히 다시 시작할 수는 없었다. …… 새로 시작하는 시도에는 더 이상 사회주의적인 방식으로 체조하고, 트래킹하고, 노래 부르고, 우표를 수집하지는 않는다는 결정도 있었다. 그것은 신념을 강화하고 정치적 노동운동에 중요한 인력 충원소를 제공해주었던 '하위문화subculture'의 포기를 의미했다.

브란트는 이러한 변화 양상을 별다른 아쉬움 없이 바라보았다.

> 삶의 영역에 관여하는 정당 활동이 다소 한계를 보인다면, 그것은 형식적 민주주의를 넘어서는 민주적 사회 질서를 추구하기 위해서는 차라리 잘된 일이다. …… 민족 구성원들이 국가 또는 지역공동체의 시민으로 서로 협조해야 한다는 것을 배운다면 후속 세대에 유익할 것이다.

브란트의 평가는 사민당이 (이념의 경계를 넘어—옮긴이) 서구적 다원주의에 점차 찬성하는 정당으로 변천해가고 있었다는 사실을 반영한다.

사회민주당과 사회주의통일당

소련 점령 당국과 KPD가 의심스러운 방법을 동원해서 성사시켰던 KPD와 사민당의 합당(사민당의 시각에 따르면 '강제 통합') 그리고 그 결실인 사회주의통일당SED은 전후 독일의 발전에서 지대한 의미를 지닌다. 이로 인해 (동베를린을 제외한) 소련 점령 구역에서는 독자적인 요소로서 사민당의 존재가 소멸되었다. 합당은 분열을 극복하는 것이어야 했지만(적어도 그런 방향으로 연출은 되었지만) 정반대 결과를 초래했고, 이를 통해 아이러니하게도 독일의 분단이 예견되었다. 정당정치적 분열인 동시에 국가적 분단이었다.

1945년, 단일 노동자계급 정당을 만들려는 사회주의 진영의 노력이 있었을 때 KPD는 처음에 거부를 표명했었다. 그러나 이후 사민당의 비약적 성장을 본 후, 소련 점령 당국과 KPD는 그들의 전략을 변경했다. 공산당 핵심 엘리트층과 소련 점령 당국의 힘을 동원해 이제 하나로 통합된 당이 생겨야 했다. 이는 사민당을 차단하려는 의도였으며 빌헬름 피크Wilhelm Pieck가 이미 1944년 모스크바에서 당면 목표로 제시했던 노선이었다. 그동안 그로테볼과 당 중앙위원회는 통일정당에 관해 회의적 견해를 보였고, 반대하려는 시도까지 했었다. 그런데 그로테볼은 1945년 12월 공산주의자와 사회민주주의자가 각각 반씩 참여한 이른바 60인 회의에서 전격적으로 입장을 바꿨으며 그 배경과 동기에 대해서는 많은 의문이 제기된다. 어쨌든 그는 개인적으로 자신을 위해 더 편한 길을 택했다. 아마도 다른 길은 그에게 비현실적인 것처럼 보였을 것이다. 그로테볼은 자신의 사회민주주의적 정체성을 포기했을 뿐 아니라 점차 반反사회민주주의적 정치를 하기도 했다.

소련 점령 당국과 공산당은 통합 정당으로 가는 방안에 반대하는 사회민주주의자들을 자기편으로 돌리기 위해 협박과 체포, 기타 압박 수단, 기만과 매수 등 온갖 수단을 다 동원했다. 게다가 그들은 전통적인 공산주의 전략에 따라 노동 현장에서 사민당에 대한 압박을 시도했다. 동시에 그들은 사민당 내에 자유로운 여론 형성이 이루어지지 못하도록 하기 위해 온갖 수단을 동원했다.

전당대회 결의를 통해 통합 문제에 관한 사민당원들의 투표를 실시하도록 관철하는 데 성공한 곳은 베를린이 유일했다. 물론 이 당원 투표도 동베를린 구역에서는 불가능했고 서베를린 구역에서만 시행할 수 있었다. 결과는 매우 분명하게 나왔다. 표결에 참가한 베를린 사민당 당원의 60%는 사민당과 KPD의 협력에 반대하지 않는다는 입장이었지만, 82%는 급속한 통합에 대해서는 유보적이었다. 사민당과 SED가 동베를린에서 어떤 평가를 받았는지는 1946년 10월 20일 구의회Stadtbezirk 선거에서 드러났다. 즉, 사민당은 43.6%, SED는 29.9%, 기독교민주당CDU: Christlich-Demokratische Union은 18.7%를 얻었다. 사민당 강세는 이후의 선거에서 더 분명해졌다. 적지 않은 사회민주주의자가 점령 당국과 공산주의자들의 의도를 오해한 채 정당 통합을 긍정적으로 생각했다 해도 이는 여론이 자유롭게 형성되는 분위기 속에서 이루어진 것이 아니었다.

1946년 4월 21일과 22일 사민당과 KPD의 합당이 선언되었으며 피크와 그로테볼은 악수를 통해 이를 확인했다. 노동운동의 전통에서 가져온 '꽉 마주잡은 손'이 당의 상징이 되었다. 통합 초기에 당 기구 어디에나 위원장은 두 명이었고 사민주의자와 공산주의자가 각각 한 명씩 나누어 가졌기 때문에 겉보기에 사민주의자들은 당 기구 어디서나 대등한 권한을 행사했다. 하지만 사민주의자들의 영향력은 곧 밀려나기 시작했다. 특히 사회민주주의자의 정체성을 지키고자 했던 이들은 배제되었으며, 체포된 이들도 적지 않았고, 1946~1952년 동안 18만 명이 당에서 제명되었다. 1948년 새로운 유형의 정당으로 넘어가면서 SED는 공산주의 원칙으로 재조직되었고 당 간부 원칙이 도입되었다. 이후 SED 당원은 계속해서 공산주의자로 정의되었다. 1970년대에는 공산주의라는 표현을 다시 사용해서 당명을 변경하려는 시도가 있을 정도였다. 전체적으로 공산주의자들은 SBZ/DDR(소련 점령 지역/동독)에서 사민당을 축출하는 데 성공했다.

이 과정에서 많은 사회민주주의자가 희생당했다. 근거 있는 추정에 따르면 사회민주주의자 5000~6000명이 '밀정' 또는 '슈마허 첩보원'으로 몰려 처벌되었다. 수천 명은 서방으로 피신했다. 사회민주주의자들에 대한 박해는 당사자들에게 나치 시대를 연상하도록 했다.

어떤 사회민주주의자들은 (분명히 다른 자기 정체성을 가진) 두 정권에서 모두 박해받았다.

1953년 6월 17일 동독 도시 곳곳에서 동독 주민들이 SED 정권에 반대하는 봉기를 일으켰을 때 그곳에서는 뚜렷하게 사회민주주의적 요소가 눈에 띄었다. 파업, 시위와 같은 봉기 형태뿐 아니라 파업에 참여한 사람들의 다양한 요구 사항 목록에서 드러나듯 봉기 목적에서도 그러했다. 1953년 6월 17일은 이후 SED 정권에는 트라우마였으며 사민당에는 독일인들, 특히 '독일 노동자계급'이 품은 통일을 향한 의지의 상징이었다.

"무늬만/형식적/껍데기 사회민주주의Sozialdemokratismus"라는 용어는 1950년대 이래 SED과 SED 국가에서는 매우 심각한 비난으로 다른 비난 용어들과 함께 당 제명이나 처벌에까지 이르게 할 수 있었다. "무늬만/형식적/껍데기 사회민주주의"는 SED에 늘 위험 요소였다. 특히 서독 사민당이 1969년 이래 동방 정책의 맥락에서 추진한 조약 정치나 관계 '정상화'의 맥락에서 SED과 사민당과의 만남이 빈번해지면서 특히 위험으로 느껴졌다.

서독 정부 수립

소련 점령 구역에서처럼 서방 점령 구역에서도 사민당은 연합국이 부여한 제반 조건 때문에 정당 활동에 제약을 받았지만 여기서는 무엇보다 주 의회와 주 정부를 통해 전후 사회의 발전에 동참할 수 있었

사민당 당수 쿠르트 슈마허의 연설 장면 슈마허는 종전 직후 사민당 재건의 주역이다.

다. 사민당은 서부 독일 지역에 국가가 수립되는 과정과 독일연방공화국의 기본법 제정에 지대한 영향을 미쳤다.

연합국 점령 구역 경계를 넘어서는 사민당의 첫 전당대회가 1946년 5월 우연치 않게 하노버에서 개최되었다. 위원장에는 슈마허, 부위원장에는 올렌하우어가 선출되었다. 그들 가운데 한 사람이 제3제국에서 히틀러에 맞서는 사회민주주의의 저항 의지를 구현했다고 한다면, 다른 한 사람은 망명 사민당의 대표를 지낸 사람으로 전후 서독에서 재건된 당과 바이마르 공화국 당시의 당 총재단을 연결하는 고리 역할을 수행했다.

슈마허는 전후 시기 사민당의 카리스마 넘치는 지도자가 되었다.

제1차 세계대전에서 한 팔을 잃었고, 집단수용소 10년 구금기의 결과로 다리 하나도 절단해야 했던 그는 열정적인 연설가였다. 파괴된 건물들의 실루엣을 배경으로 하고 수천 명의 청중 앞 강단에 서거나 비서 아네마리 렝거Annemarie Renger의 부축을 받는 수척한 한 인물의 사진은 동시대인들에게 깊은 인상을 남겼다. 분명 그는 독일 전후 시대의 상징이자 사민당 전통의 상징이었다. 당내 지위에서 슈마허는 다소 라살레를 떠올리게 했다. 슈마허는 1920년대 그의 박사 학위 논문에서 보였듯이 라살레의 긍정적인 국가관에 공감했으며 내적으로나 외적으로나 자유를 향한 의지에도 공감했다. 슈마허는 사회주의와 민주주의가 서로를 조건 짓는 관계 속에 있다고 보았다. 반면에 그는 공산주의자들과의 긴밀한 협력은 전혀 고려하지 않았다. 그는 독일 공산당을 모스크바 공산당의 한 지부로 여겼다. 슈마허는 독일 사민당에서 다른 정당과는 다른 모습, 즉 최근의 역사에서 인간성과 민주주의를 존중하는 노선을 철저히 고수하는 저력을 보았다. 이는 그의 판단으로 나치 정책에 협조한 책임이 있는 부르주아 진영에 맞서게 하는 자신감을 주었다. 이는 슈마허가 독일의 이해관계를 힘차게 대변했기 때문에 그를 거의 민족주의자로 인식했던 연합국에 맞설 때도 마찬가지로 작용했다. 슈마허의 리더십 아래 사민당은 1937년 당시 국경선을 토대로 독일을 재건할 것을 요구했다. 이는 서독의 민주적인 정당들 사이에 암묵적으로 합의된 사항이었으며, 민족통일을 향한 노력은 바이마르 시대 사민당 정책의 연속일 뿐이었다. 물론 사민당은 동시에 유럽 통합을 원했는데, 독일 통일이 분명히 그 전제 조건이었다.

사민당은 나치 범죄에 관한 집단책임 테제는 거부했지만 죄인들에게 상응하는 벌을 주고, 독일의 비극에 책임이 있는 개인과 집단을 분명하게 언급하고자 했다. 다른 정당과 달리 사민당은 일찍이 (물론 유대인에 대해서도) 보상 조치를 해야 한다고 주장했다.

전후 시대에 사민당은 나치로 인해 붕괴된 사회의 현실적 당면 문제를 어떻게 해결할 것인가를 진지하게 고민했으며, 이론적이거나 미래 사회 비전과 관련된 작업을 할 여유가 거의 없었다. 하지만 바이마르 시대에 비해 당의 위치가 달라진 것을 확인할 수 있다. 이는 부분적으로 슈마허 덕분이었다. 당의 위치 변화를 정리하면 다음과 같다.

1. 슈마허의 주장처럼 당은 단일한 세계관적 토대를 폐기하고 다원주의 세계관을 선언했다. 사회민주주의 정치는 산상수훈, 휴머니즘 또는 마르크스주의적 신념으로 근거를 제시할 수 있다. 이는 교회에 대한 관계를 개선하는 동시에 양대 기독교에 기대고 있는 CDU와의 대결을 용이하게 할 수 있다.
2. 방법론으로서의 마르크스주의는 여전히 하나의 역할을 수행했다. 하지만 사회민주주의에 대한 마르크스주의적인 이론적 근거는 약화되었다.
3. 전통적인 사회민주주의적 역사관은 제1차 세계대전, 제3제국, 제2차 세계대전 경험을 통해 시대에 뒤떨어진 것이 되고 말았다. 1947년

치겐하인에서 열린 문화 정책 컨퍼런스에서 인류의 역사는 최종 목적지인 사회주의사회로 향해가는 역사 내재적인 방향성이 있지 않다는 데 의견의 일치를 보았다. 따라서 핵심 관건은 오히려 정치적 관계들을 주도적으로 만들어가고, 역사를 늘 반복해서 새롭게 올바른 방향으로 유도하며, 퇴보를 저지하는 것이다.

4. 민주주의는 그 자체가 목적이었고, 결코 사회주의 실현을 위한 수단에 그치지 않았다. 사회주의 없는 민주주의는 위태로우며, 민주주의 없는 사회주의는 불가능하다. 그렇기 때문에 공산주의와의 반목은 불가피했다.
5. 슈마허의 주장에 따르면 사민당의 토대는 노동하는 인민이어야 하지만, 그는 중산층과 청소년에게도 당을 개방하고자 했다. 국민정당론의 윤곽이 여기서 암시되었다.

구체적인 문제 상황과 사회민주주의 전통은 사민당이 경제 재건을 계획하고 유도하는 방향으로 나아가도록 했으며, 경제 부문에서는 자원 산업을 사회의 공동소유로 전환하고 금융기관을 통제함으로써 사회주의적 요소를 관철하려는 방향으로 나아가도록 이끌었다. 바이마르의 경험은 경제 권력은 정치적으로 통제·제한되어야 한다는 사실을 입증하는 것으로 보였다. 그런데 이는 구체적으로 사민당이 주 차원에서 사회화(국유화)를 시도할 경우 그에 반대했던 점령 당국들, 특히 미국과 대립 상태에 빠질 것이 분명했다.

사민당은 프랑크푸르트 경제자문위원회[1]에서 위원장을 맡을 수 없게 되자 야당행行을 택했으며, 또한 예상과 달리 성공적인 것으로 드러났던 루트비히 에르하르트Ludwig Erhard의 사회적 시장경제 정책을 공격한 것도 의미심장한 일이었다. 사민당이 연방의회에서 야당으로 행동할 것이라는 사실이 여기에서 이미 예측되었다.

분명히 사민당은 마셜 플랜이 긍정적인 대책이라고 보았다. 나아가 슈마허의 리더십 아래 사민당은 "이러한 서방의 원조에 힘입어 서방 점령 구역이 발전하면 동방 점령 구역에 자석 효과를 발휘하게 된다"라는 이론을 주장했는데, 그러자 콘라트 아데나워Konrad Adenauer도 이 이론을 따랐다. 사민당의 이러한 정책은 19세기 이래 그들의 정책을 추진할 때 계속 사용해온 원칙적인 서방 지향성을 전제로 하는 것이었다. 그런데 냉전기 베를린이 처한 특수한 상황, 특히 소련에 의한 베를린 봉쇄 사태에 맞서서 사민당 소속의 시장인 로이터의 리더십 아래 베를린 시민들과 서방 우방국들이 함께 투쟁하고 베를린 공수를 통해 방어했던 상황은 서방에 대한 의존도를 더욱 강화시켰다.

사민당은 이와 같이 서독의 국가 수립 과정에 동참하기는 했지만 아데나워나 CDU/CSU(기독교사회당)보다 더 단호하게 이 국가를 임시 국가로 보고자 했다. 그러면서도 다른 한편으로는 제헌의원협의회Parlamentarischen Rat에서 서방 연합국과 아데나워가 원했던 느슨한 방식

---

1 서방 점령 지역 전체의 식량 공급 등 경제문제를 총괄했던 위원회이다.

의 연방제뿐 아니라 통치 역량이 있는 국가가 태동하도록 노력한 것도 역시 사민당이었다. 특히 헌법학자 '가문' 출신인 사민당의 카를로 슈미트는 의원협의회에서 중앙위원회 위원장의 역할을 맡아 기본법 제정의 커다란 부분을 담당했다. 예를 들어 바이마르 때처럼 정부에 반대하는 부정적인 과반수 세력이 형성되는 것을 막기 위한 건설적인 불신임권[2]은 카를로 슈미트의 아이디어였다. 이는 전반적으로 (내각이 항상 안정을 찾지 못해 정치혼란을 가중시켰던 — 옮긴이) 바이마르 공화국의 과오를 피하려는 노력이었다.

사민당은 부르주아 정당들보다 더 포괄적인 민주주의 개념을 갖췄음에도 초지일관 의회제 창설에 동참했다. 제헌의원협의회Parlamentarischen Rat에 참여하면서 그들은 기본법에 민주주의적이며 사회주의적인 구상을 끼워 넣으려고 노력하지는 않았어도 그를 위한 가능성은 열어놓으려고 애썼다. 이러한 맥락에서 사회복지국가 개념의 관철은 매우 중요했다. 물론 이는 사회복지입법을 통해 구체화되어야 했다. 기본법에서 정당들에게 긍정적인 역할이 부여된 것은 정치적 현실에 대한 인정이자 전통적인 독일식 반反정당 정서를 극복하려는 노력의 표현이었다. 과거 독일의 반정당 정서에는 전제국가적이고 반反다원주의적인 사상이 작용하고 있었다.

---

2 의원 2/3 이상이 후임 수상을 선출해야만 현직 수상이 해임되는 내각제상의 안전 장치를 말한다.

08

1950~1960년대 사민당

건설적인 야당

슈마허가 이끄는 사민당은 자신들에게 서독 정치를 주도할 도덕적 권리가 있다고 믿었다. 하지만 사민당은 이미 서독 정부 수립 이전에 치러진 주 의회 선거들에서부터, 창당 이래 줄곧 부르주아 계층의 결집 정당으로 기능했던 CDU/CSU에 뒤졌다(사민당은 평균 34.9%, CDU/CSU는 37.7% 득표). 1949년 첫 연방의회 선거에서도 31%를 얻은 CDU/CSU는 29.2%를 얻은 사민당을 근소한 차이로 이겼다. 그런데 아데나워나 슈마허는 모두 대연정을 원하지 않았으며 아데나워가 부르주아 연정을 구성하는 데 성공했기 때문에 사민당은 야당이 되었다. 사민당은 야당의 역할이 의회 민주주의 제도에서 중요한 임무라고 보았으며, 사민당이 역사에서 늘 담당해왔던 역할이기 때문에 이를 기꺼이 받아들였다. 문제는 CDU가 후속 선거들에서 계속 뚜렷하게 상승하는 데 성공해 1957년에는 과반수 의석을 확보했던 반면, 사민당은 정체에 빠졌다는 사실이다(1953년 28.8%, 1957년 31.8% 득표). 그들은 1960년대 선거에서야 비로소 조금씩 단계적으로 득표율을 상승시킬 수 있었다.

CDU/CSU는 이후 20년 간 계속 주도적인 정당 자리를 내놓지 않은 반면 사민당은 1949년부터 1966년까지 줄곧 야당 자리를 지켰다. 정상적인 정권 교체는 봉쇄된 듯 보였다. 1960년대에는 사람들이 비판적인 톤으로 '기독교민주당 국가'를 언급하기 시작했다. CDU/CSU의 지배적인 위상이 부르주아 진영 내의 갈등으로 흔들리기 시작한 무렵이었다.

아데나워 시대의 야당

사민당이 기본법 제정에 참여했고 주 정부와 지방 정부 차원에서 다양한 정치적 책임을 짊어졌음에도 슈마허가 이끄는 사민당이 수행한 '건설적인 야당'이라는 역할은 과격 정당의 이미지를 만들어냈다. 이는 물론 슈마허의 강한 수사법과도 관련이 있었으며 사민당은 늘 반대만 하는 당이라는 이미지를 얻게 되었다. 이러한 이미지는 전후戰後 시기에 사민당이 활발하게 시도했던 새로운 모색들이 점차 야당 이미지의 뒷전으로 밀려남으로써 더욱 촉진되었다. 사민당의 정책은 전통적인 궤도로 회귀하는 듯했다. 어쨌든 당은 매력을 잃었고 이는 당원 감소에서 드러났다.

바이마르 시대에 비해 새로웠던 점은 사민당이 근본적으로 독일 정책[1]에 역점을 두었다는 사실이다. 사민당은 슈마허가 보기에 독일 정치가 연합국에 종속되는 것을 허용하지 않게 하는 핵심 관건인 민족자결권을 전면에 내세우면서, 신속한 독일 재통일 실현을 추구했다. 이러한 맥락에서 사민당은, 서유럽과 미국에 의존하는 아데나워식 서방 통합 정책 및 그로 인해 제한되었던 독일 정책에 반대 입장을 표명했다. 사민당이 보기에 아데나워의 정책은 유럽 사회에서 독일이 대등한 지위를 유지하는 데 걸림돌이 될 뿐만 아니라 독일 분단을 고착화하는 것이기도 했다. 그러므로 독일의 서쪽 지역만 유럽공동체에 포함시키는 것은 막아야 했다. 물론 여기에서 통일을 향한 아데나워의 의지에 결코 의문의 여지가 없는 것은 아니었다. 아데나워에게 독일 통일은 중요성 측면에서 유럽의 공동 안보 다음에 위치한 것이었다. 그리고 그는 사민당이 한때 유럽 평화 질서의 틀 안에서 하나의 가능성으로 고려했던 '중립화된 통일 독일' 방안은 완전히 잘못된 것이으로 간주했다.

물론 모든 사민당원들이 슈마허의 노선을 따른 것은 아니었다. 슈마허와 달리 에른스트 로이터, 빌헬름 카이젠Wilhelm Kaisen, 젊은 빌리 브란트는 유럽평의회Europarat 참여를 지지했다. 베를린 시장이던 로이터야말로 베를린의 자유를 지키기 위해 서방이 얼마나 필요한지 잘 인식하고 있었다. 그러나 아데나워의 서방 통합 정책이 독일의 분단

1 대동독 정책 또는 폭넓게 통일 정책이라는 의미도 포함한다.

을 영구화할 것이라는 민족적인 우려는 여러 해 동안 당 전체에 지속적으로 영향을 미쳤다. 사민당은 1957년 '로마 조약'에 이르러서야 비로소 서방 통합 정책에 동의했다.

사민당은 독일의 재무장에 대해 처음에는 반대했다. 재무장 정책은 다양한 대중 항의와 '핵무장Atomtod' 반대 투쟁에서 드러났듯이 서독에서 결코 인기 있는 정책이 아니었다. 그런데도 사민당의 재무장 반대 정책에 동원될 수 있었던 사람들은 결국 소수였다. 왜냐하면 다수의 독일인들에게는 소련과 그 동맹국들의 정책에 대한 두려움이 재무장 반대 정서보다 더 컸기 때문이다. 1953년 6월 17일 동독에서 발생한 노동자 봉기와 1956년 헝가리 봉기에 대한 동독과 헝가리 공산 정권의 무력 진압은 서독 사회에 잠재적으로 존재하던 반공주의를 강화했다. 그리고 아데나워와 CDU/CSU는 1953년, 1957년, 1961년 선거전에서 이 반공 분위기를 적극 활용해 여론을 사민당에 적대적으로 돌리는 데 성공했다. 그들은 "마르크스주의와 관련된 모든 길은 모스크바로 통한다"라는 선동적인 구호를 내걸었다. 그리고 아데나워는, 사민당은 철저한 반공주의 정책을 채택할 힘이 없기 때문에 사민당이 승리하면 이는 독일의 몰락과 마찬가지라고 비방하는 공세를 강화했다.

그런데 사민당이 반공주의 노선을 추구한다는 사실에는 의심의 여지가 없었다. 사민당은 새롭게 조직된 사회민주주의 정당들의 국제조직 '사회주의 인터내셔널SI: Socialist International'의 프랑크푸르트 회의(1951)를 통해 민주주의와 사회주의의 밀접한 관계를 확인했다. 또한 이로써 사민당과 공산당을 구분 짓는 뚜렷한 간극이 있다는 것을 분명히 밝혔다.

물론 독일 사민당은 통일을 위한 모든 가능성을 염두에 두고 경우에 따라서는 그 가능성을 활용하고 싶어 했다. 그렇기 때문에 1952년 스탈린이 전 독일의 자유선거와 재통일을 제안했을 때 이를 진지하게 검토하고자 했다. 사민당은 유럽 안보 시스템의 맥락 안에서 소련을 포함한 모든 국가의 안보를 고려하는 해결책을 모색했다. 1940년대 말 소련의 정책 때문에 발생했던 베를린 위기에서 크게 영향을 받은 사민당 지도부는 독일 정책의 큰 밑그림을 토대로 통일과 안보 문제, 비무장지대와 같이 군사적으로 느슨하게 무장된 지역의 설정, 독일 통일의 단계적 실현 등을 연계하려고 노력했다. 그런데 이러한 정책 구상은 많은 반발에 부딪혔다. 사실 이 방안은 동서독 관계의 교착상태를 극복하려는 것이었으며 아데나워도 이 문제를 인식하고 있었다. 그래서 아데나워 자신도 유사한 정책 방안을 작성하도록 지시했었지만 그는 이를 여론에 알리지 않은 채 비밀로 하고 있었다.

이러한 사민당의 정책은 거센 역풍을 만났다. 왜냐하면 사민당이 예견했던 것과 달리 CDU 정부 에르하르트의 사회적 시장경제 정책은 결코 실패하지 않았으며 오히려 1950년대 초 한국전쟁 덕에 경제성장이 더욱 촉진되어 '경제 기적'이라는 개념이 생겨날 정도에 도달했기 때문이다. 비약적 경제성장의 공은 아데나워와 그의 경제부 장관에게 돌아갔다. 사민당은 경제성장에도 불구하고 복지가 불균등하게 배분된 것을 문제로 지적할 수는 있었지만, 자신들의 근대화된 경제 정책, 즉 에르하르트와 마찬가지로 시장을 중시하면서도 계획경제 요소를 동원해 시장을 제어하고자 하는 정책을 여론에 설득력 있게 전달하는 데 어려움을 겪었다. 경기변동에 연동되도록 한, 1957년의 역동적인 연금제가 정부와 야당의 합작품이라는 사실 그리고 그것이 근본적으로 많은 노동자가 '프롤레타리아로부터 탈출'하는 데 기여했다는 사실은 주요 사안에서 거대 국민정당 사이의 협력이 이루어낸 상징적 사례였다. 그런데도 사민당이 집권당과 그렇게 건설적으로 협력했다는 것은 사민당이 갖고 있던 호전적인 야당 이미지에 맞아떨어지지 않았다. 이처럼 사민당이 아무리 연방 차원에서 상대적으로 고립되었다 할지라도 주 차원에서는 여러 곳에서 다양하게 (공동) 집권하고 있었다는 사실을 간과해서는 안 된다.

서독에서 연방 차원의 정당제도는 거대 정당화를 강화하는 방향으로 발전했다. 이 경향은 우선 자유민주당FDP: Freie Demokratische Partei에까지 이르는 모든 군소 부르주아 정당을 점차적으로 흡수한 CDU/CSU에 유리하게 작용했다. 사민당에게는 흡수할 수 있는 유사한 잠재적 대상 집단이 없었다. 분명히 이전에 공산당에 투표했던 일부가 이제 사민당 지지자가 되는 현상이 있기는 했다. 그 외에는 1956년 당이 해체되면서 그 당원들에게 사민당 입당을 권유했던 구스타프 하이네만Gustav Walter Heinemann의 전독일민족당Gesamdeutsche Volkspartei(이하 민족당)이 유일한 흡수 대상이었다. 통일 문제에 집착했던 민족당의 구스타프 하이네만과 헬레네 베셀Helene Wessel은 1957년 선거를 통해 의회에 진출했다. 사민당에 들어온 에르하르트 에플러Erhard Eppler도 이 당 출신이었으며, 훗날 노르트라인베스트팔렌 주지사와 대통령을 지낸 요하네스 라우Johannes Rau도 마찬가지였다. 이 민족당 인사들의 입당으로 사민당은 자신들의 전통적인 지지 세력을 넘어서 분명한 프로테스탄트적 성향을 가진 유권자들, 특히 전통적으로 제3제국 당시 고백교회Bekennende Kirche[2]의 전통을 이어받은 개신교회 일부에서 지지를 얻을 수 있었다. 이로써 사민당은 조직과 강령 모든 면에서 개혁에 착수하면서 부르주아 지지층을 확대할 수 있었다.

당 개혁과 고데스베르크 강령

1957년 총선거에서 CDU/CSU는 50.2%를 얻어 과반수 의석을 확보했던 반면 사민당은 31.8%를 얻는 데 그쳤다. 사민당의 뼈아픈 패배는 당 개혁과 강령 개정에 관한 논의에 본격적으로 불을 지폈다.

일단 연방의회 의원연맹에서 개혁 세력이 결집했다. 카를로 슈미트, 프리츠 에를러, 헤르베르트 베너, 하인츠 퀸, 빌리 브란트, 헬무트 슈미트Helmut Schmidt, 하인리히 다이스트Heinrich Deist, 발데마르 폰 크노에링겐이 개혁파로 분류되었다. 1958년 슈투트가르트 전당대회에서

2 1934년 교회에 대한 나치의 지배와 정치적 이용에 반대해서 독일의 프로테스탄트 교회들이 조직한 단체이다.

결의된 당 조직 개혁안은 개혁파의 입지를 강화해주었다. 당 상임위원장단을 폐지하고 이제까지 전통파로 분류되어온 인사들이 재선에 실패하면서 당권의 무게중심은 연방의원들 쪽으로 기울었다. 연방의원의 대표들이 이제 당 지도부인 위원장단에서 영향을 갖게 된 것이다. 올렌하우어는 당 총재직을 지켰으며 크노에링겐과 베너가 부총재로 선출되었다. 브란트는 3차 투표를 거쳐 당 위원장단에 입성했다.

당은 전체 조직을 근대화하기 시작했다. 그 좋은 사례로 그들은 당 역사상 처음으로 다음 선거에 출마할 수상 후보를 미리 지명하기로 결의했다. 개혁파로 여겨지는 카를로 슈미트와 빌리 브란트가 대안으로 제시되었는데 당 최고 기구는 젊고 대중적 인기가 많은 베를린 시장 브란트를 후보로 선출했다. 브란트의 선거운동은 존 F. 케네디John F. Kennedy의 선거운동을 모델로 삼았는데 이는 아데나워와 집권 CDU를 불안하게 만들었다. 그들은 브란트의 망명과 저항 활동을 트집 잡아 파상 공세를 취했다. 이는 당시 폭넓은 사회계층에서 최근의 과거사가 제대로 '극복되지' 않았음을 보여준다.

중요한 것은 수년 동안 진행되었던 새로운 기본 강령 제정 논의가 1950년대 말에 드디어 결론에 도달했다는 사실이다. 개혁파들은 새로운 행동 강령을 제정하는 것으로 만족하려 했지만 당 총재는 새로운 당 기본 강령 제정을 고집했다. 1959년 11월 수도인 본 근처의 작은 도시 바트 고데스베르크에서 의결된 새 강령은 당의 진정한 변화를 상징했다. 역사가의 시선으로 볼 때 고데스베르크 강령은 바이마르 공화국 당시에 비해 변화된 사회 분위기를 지속적으로 반영해온 1945년 이래의 여러 당 강령을 집대성한 것이었다.

고데스베르크 강령은 여러 관점에서 하이델베르크 강령과 차이를 보였다. 이 강령은 시대 분석을 포기하고 기본가치Grundwerte에 토대를 두었다. 이 기본가치의 토대는 다양한 세계관적 단초(기독교, 휴머니즘 또는 사회주의)에서 도출되었고 이로써 마르크스주의의 이론적 토대는 포기되었다. 이제 사민당은 오래전부터 변해 있던 당의 모습을 이론적으로 당당하게 천명했다. 그들은 자신을 궁극적으로 사회민주주의 가치와 목표에 공감하는 모든 이들에게 개방된 좌파 국민정당이라고 규정했다. (다이스트가 작성한) 경제 정책 부분은 뚜렷한 변화를 보였다. 사민당은 이제 '가능한 만큼 시장, 필요한 만큼 계획'이라는 원칙을 표방했다. 다시 말해 사민당은 시장경제 체제를 옹호했지만 분명 계획을 완전히 포기하려 하지 않았다. 사민당에는 여전히 경제 권력에 대한 통제가 중요했다. 즉, 사민당은 경제민주화를 계속 당의 우선적 목표로 내세웠다(달리 표현하면 전통적 요소와 근대적 요소가 서로 결합되었다). 당은 민주주의를 그 자체 목적으로 보았으며 이 점에서 공산주의의 민주주의 개념과 뚜렷한 차이를 보였다. 새 강령은 사회복지국가를 계속 확대하려 했지만, 다원주의 사회를 추구한다고 선언했다. 그래서 사람들은 이 강령이 서구의 '합의자본주의'에 대한 사민당의 동의를 표현한다고 평가했다. 교회에 긍정적인 사회적 기능을 부여한 것도 이러한 맥락에 부합했다. 이는 물론 전당대회에서 비非교회적인 전통주의자들이 다시 한 번 이의를 제기했던 부분이다.

바트 고데스베르크 전당대회에서 새로운 강령 채택에 반대표를 던진 대의원은 단 16명에 불과했다. 볼프강 아벤드로트Wolfgang Abendroth가 마르크스주의적 관점에서 새 강령을 신랄하게 비판했던 반면, 페터 폰 외르첸Peter von Oertzen은 자신도 마르크스주의자이지만 이 강령을 토대로 계속 사민당 안에서, 그리고 사민당을 위해서 일할 수 있다고 판단했다. 이 강령은 서독 국경을 넘어서 국제 사회민주주의를 위해서도 지속적으로 선구적인 역할을 했다. 고데스베르크는 곧 전통주의적 입장으로부터 단호한 전향을 보여주는 동의어 그리고 근대적인 개혁 정책을 향한 일대 전환으로 여겨졌다.

강령은 외교 정책 부분에서는 다른 국가들과의 협력이라는 일반 원칙이 재확인되었을 뿐 별다른 뚜렷한 내용을 보여주지 못했다. 국가 방위에는 찬성했지만 서방과의 동맹은 언급되지 않았다. 유엔으로부터는 많은 것을 기대했으며 통일은 외교 정책의 핵심 목표로 남았다. 사민당 지도부는 첨예한 대립으로 치닫는 국제 정세에 직면해 좀 더 구체적 노선을 표명했어야 하는데, 당시 외교적인 현실을 확고하게 인정하는 쪽으로 나아갔다. 사민당은 1960년 6월 30일 베너의 연설을 통해 지금까지 체결된 서방 통합 관련 조약들을 공식적으로 인정했다.[3] 국제 정치 상황은 더 이상 열려 있지 않았기 때문에 현실 수

3 서방 통합은 곧 소련을 비롯한 동부 유럽과의 갈등을 의미할 수 있기 때문에 사민당은

용은 그저 당연한 일이었다.

집권으로 가는 험난한 길

1961년 총선에서 사민당은 브란트를 총리 후보자로 세우고, 저명한 사민당 인사들로 후보 내각도 구성했으며, 근대적인 선거운동 기술도 총동원했다. 그러나 사민당은 베를린 장벽 건설 사태로 얼룩진 이 선거를 치르며 집권에 이르는 길은 아직 요원하다는 것을 뼈저리게 느껴야 했다. 물론 득표율이 이전 선거의 31.8%에서 36.2%로 상승한 것은 대단한 소득이었지만, 45.3%를 얻은 CDU/CSU에 비해서는 여전히 한참 열세였던 것이다. FDP가 아데나워의 총리 지명을 수용하려 하지 않았기 때문에 선거 직후 잠시 사민당이 아데나워의 연정 파트너로 언급되기도 했다. 하지만 결국 아데나워의 총리직 임기를 단축하는 선에서 CDU/CSU와 FDP 사이에 연정 협상이 타결되었다. 아데나워의 후임 에르하르트는 1965년 총선에서 46.1%로 또다시 승리했으며, 사민당은 39.3% 득표로 상승세를 이어갔지만, 여전히 패배자로 머물렀다. 당시 언론에서는 "'상승세' 동지가 행진한다"라는 논평이 등장했다. 무엇보다 눈에 띄는 현상은 사민당이 가톨릭 노동자층, 특히 루르 지역에서 가톨릭 노동자층에 점차 침투하는 데 성공했다는 것이었다. 반면 에르하르트 정부는 점차 쇠락의 징후를 보였

이에 대해 줄곧 유보적인 입장이었다.

다. 국내 재정 적자와 CDU의 당내 갈등 문제 때문에 에르하르트가 곤경에 처하고 게다가 경기 침체와, 특히 루르 탄광 위기를 비롯한 경제구조조정을 둘러싼 갈등으로 그의 권위가 추락하자 돌파구를 찾기 위해 1966년 조기 총선이 단행되었다. 바로 이러한 위기 상황에 사민당은 결국 CDU/CSU의 대연정 파트너로 집권에 성공했다. 이렇게 해서 수립된 이른바 '대연정의 시대'는 역사가 쇤호펜의 용어를 따라 서독 정치의 '전환기Wendejahre'로 묘사되기도 한다. CDU/CSU 시대가 저물고 사회민주주의를 추구하는 정권이 떠오르는 시기라는 의미이다.

사민당이 보기에 1961년 동독에 의한 베를린 장벽 건설은 동서독 관계를 악화시켰으며 SED 정권의 실패를 입증하는 것이었다. 그러나 동시에 당시까지 서독이 추진해온 동독 정책이 아무런 성과가 없었음을 상징하는 사건이기도 했다. 이러한 국면에 브란트는 에곤 바르Egon Bahr의 지원을 받으며 단계적으로 새로운 실용주의적 동독 정책을 개발하기 시작했다. 바르는 '접근을 통한 변화'라는 공식을 내놓았다. 케네디의 구상을 부분적으로 차용한 이 정책은 일단 양 체제 사이의 커다란 대립 문제는 덮어두고, 상호 협조 체제를 가동해 동서독 양국 국민들의 삶을 개선하는 방법을 찾기 위한 구체적인 현안을 다루고자 했다. 전체적인 윤곽이 서서히 드러난 이 정책의 첫 조치는 서베를린 주민이 특정 휴일에 동베를린을 방문할 수 있도록 허가하는 통행증 협약이었다. 이 정책은 서독 정부가 동독 정부를 대화 상대로 인정했으며 그로써 SED 체제에 대해 정면으로 문제를 제기하는 것을 포기했다는 것을 의미한다. 브란트가 외무부 장관, 베너가 통일부 장관을 맡았던 대연정은 이러한 독일 정책을 당시 태동하고 있던 전 세계적인 동서 긴장완화 정책과 연계하고자 했으며, 그를 통해 동독을 (마지못해 하기는 했지만) 새로운 정책으로 유도하고자 했다.

1960년대 초 이래 사민당은 대학 증설, 교육제도 근대화, 교통망과 인프라 구축에 대한 투자를 포함하는 대단위 추진 과제를 공표했다. 브란트는 이미 1961년에 루르 공업지대의 하늘도 다시 푸른색이 되어야 한다고 선언한 바 있었다. 독일 사회에서 개혁을 향한 열망이 점차 증가한 것은 사민당에 유리하게 작용했다. 변화를 열망하는 당시의 시대정신에는 CDU보다 사민당이 더욱 잘 어울렸던 것이다. 수많은 유권자의 눈에 사민당이 CDU보다 더욱 근대적인 정당인 것처럼 비치기 시작했다.

1960년대 사민당은 (당시 사실상 당을 이끄는 주도적 전략가로 등장한 베너의 지휘 아래) CDU/CSU 끌어안기 전략을 통해 권력에 다가가려 시도했다. 베너는 일찍이 1960년대 초부터 대연정을 위한 터 닦기 작업을 추진해왔으며, 그 때문에 CDU/CSU 진영의 주요 인사들과 각별한 관계를 유지하고 있었다. 1965년 사민당이 하인리히 뤼프케Heinrich Lübke 대통령의 재선을 지원한 것도 이런 맥락에서 설명될 수 있다. 그 결과 사민당은 1966년에 발생한 특별한 정치적 상황 아래 대연정을 성사시키는 데 성공했다. 그러나 1964년 올렌하우어가 사망한 후 당 총재직에 선출된 브란트는 이 대연정에 회의적인 입장이었다. 그래서 그는 대연정의 외무부 장관직을 계속 주저했지만 베너는 결국 이를 관철시켰다. 사민당 내부에는 사민당에 적대적인 CDU/CSU와의 연정에 저항하는 세력이 적지 않았다. 그렇기 때문에 당 지도부는 대연정 참여 결정을 1968년 뉘른베르크 전당대회에서 사후 추인을 받기 위해 진땀을 흘려야 했다.

실제로 대연정은 일련의 시급한 과제들을 선정해 현실에 맞도록 조치하는 것과 같은 불가피한 개혁을 실행하기 시작했다. 특히 사회복지 정책 영역에서 뜨거운 토론 끝에 병가로 임금을 계속 지급하는 경우 노동자와 사무원을 동등하게 대우하는 데 합의한 것은 좋은 예이다. 루르 지역의 구조위기 문제에 대해서도 여러 방안이 있었지만 그 가운데 광산의 채굴량 축소 프로세스를 조절하기 위해 단일 기관인 루르 석탄공사가 설립된 것을 들 수 있다. 경제부 장관 실러가 주도한 '안정과 성장법Gesetz zur Forderung der Stabilitat und des Wachstums der Wirtschaft'[4] 제정을 통해 하나의 새로운 경제 정책 수단이 만들어졌다. 형법 영역에서도 사민당 구스타프 하이네만과 호르스트 엠케Horst Ehmke의 막후 지원 아래 형법전서가 전체적으로 정비되었다. 끝으로 대연정은 '긴급조치법Notstandsgesetz'[5]을 통해서 연합국의 거부권Vorbehaltsrecht[6]

4 1967년 6월 8일 제정된 경제의 안정과 성장 촉진을 위한 법을 가리킨다.
5 국가 안보와 관련된 위기 상황에 국가의 통치권을 강화하는 법을 말한다.
6 종전 이후 연합국은 독일의 전후 배상, 군사, 외교, 경제, 헌법 준수 등 주요 영역에 관한 한 독일 '기본법'보다 상위 권한을 행사했다.

을 대체하는 일도 시도했다. 이는 이전 정부가 시도했으나 필요한 의원 2/3의 찬성을 확보하는 데 실패했던 일이다. 반면 마찬가지로 시도되었던 소선거구 단순다수대표제Mehrheitswahlrecht[7] 도입은 사민당과 여론의 반대에 부딪혀 좌절되었다.

그들의 정책에 관한 한, 대연정은 당시 광범위한 여론의 평가와는 달리 대단히 성공적이었다. 하지만 동시에 그들의 정책은 '긴급조치법' 제정 반대 시위에서도 드러났듯이 사회적인 불만 사항을 분출하는 촉진제로 작용했다. 사민당과 노동조합 진영 일부에서는 이 법안이 서독 민주주의를 위태롭게 할 것이라고 믿었기 때문에 논란이 매우 많았다. 비판 내용의 일부가 어느 정도 반영되면서 이전의 초안에서 많은 부분이 수정되었지만 '긴급조치법'은 결국 통과되었다.

대연정은 학생운동 진영과도 갈등을 겪어야 했다. 학생운동 진영은 초기에는 (온건한—옮긴이) 개혁을 요구했지만 1967년 샤 반대 시위[8]에서 경찰에게 사살된 베노 오네조르크Benno Ohnesorg의 죽음과 1968년 루디 두치케Rudi Dutschke의 암살 이후 과격화의 길을 걸었다. 과격화된 학생운동 핵심 세력은 본래 사민당 산하 대학생 조직이었다가 1961년 당에서 축출된 독일 사회주의학생동맹SDS: Sozialistische Deutsche Studentenbund이었다. 그들은 미국의 베트남 정책뿐 아니라 사민당을 포함한 서독

7 모든 선거구에서 단순 다수를 얻은 1인이 당선되는 선거제도를 말한다.
8 이란 혁명 과정에서 그동안 이란의 전제군주였던 샤에 반대한 시위이다.

지도층을 신랄하게 비판했다. 이 투쟁 과정에 그들은 점차 부분적으로 전체주의적 성향의 급진 사회주의 또는 공산주의 계열을 끌어들였다. 사민당은 불만에 찬 청년들과 대화를 시도했지만 성과는 일단 제한적이었다. 하지만 학생운동 진영과 그들에 의해 형성된 신좌파 그룹의 사상은 점차 1969년 이래 사민당 내 마르크스주의 경향의 당내 좌파 그룹을 형성한 청년 사회주의자들Juso에 영향을 주었다. Juso는 폭력 사용을 일관성 있게 거부한다는 점에서 신좌파나 학생운동 진영과 차이가 있었다.

서독 사회 내에서 시도되던 여러 가지 서로 상충되는 개혁 노력들 그리고 이와 관련된 극단적인 정치화 현상은 저물어가는 1960년대에 정치가 마주했던 시대적 도전이었다.

09

사회민주주의 시대

1969~1982

대연정은 양대 집권당이 국정 주도권을 둘러싸고 맞붙었던 1969년 총선의 선거운동 도중에 종식되었다. 사민당은 자신을 근대적 개혁정당으로 내세웠다. "우리는 근대적인modern 독일을 창조합니다"가 선거운동 구호 중 하나였으며, "우리에게는 준비된 인재들richtige Männer이 있습니다"라는 슬로건도 있었다. 수상 후보로 현직 외무부 장관 빌리 브란트, 인기 절정의 현직 경제부 장관 카를 실러, 헤르베르트 베너, 헬무트 슈미트, 게오르크 레버Georg Leber 등 명망 있는 인사들이 사민당의 준비된 팀이었다. 여러 가지 측면에서 사민당의 선거운동 기술은 창조적이었으며, 특히 문화계 인기인, 유명 인사들의 적극적인 참여, 귄터 그라스Gunter Grass가 이끈 대규모의 사민당 지지 시민 모임도

효과적이었다. CDU는 이에 맞서 대체로 존경받는 쿠르트 게오르크 키징거Kurt Georg Kiesinger를 "수상에게 달려 있다"라는 슬로건과 함께 후보로 내세웠다. 선거운동에서 부각된 뜨거운 쟁점은 동방 정책, 내정 개혁innere Reform 그리고 마르크화의 평가절상 문제였다. 특히 후자의 경우 국민들에게는, 부르주아층 유권자들에게도 신망받던 경제부 장관 카를 실러(사민당)냐 아니면 전문성이 뛰어난 프란츠 요제프 슈트라우스Franz Josef Strauss(CSU)냐가 관심이었다. 선거 결과는 매우 아슬아슬했다. CDU/CSU가 46.1%, 사민당이 42.7%, FDP가 5.8%를 득표했다. 극우 성향의 독일민족당NPD: Nationaldemokratische Partei Deutschlands이 4.3%로 5% 장벽을 넘지 못해 의회 진출에 실패했기에 사민·자민(SPD/FDP) 연정이 가능했다. 빌리 브란트(사민당)와 발터 셸Walter Scheel(FDP)은 함께 가까스로 과반수 의석을 구성할 수 있는 매우 아슬아슬한 상황이지만 사민·자민 연정을 수립하기로 용기를 내었다. 브란트는 대연정을 선호한 베너와 슈미트에 맞서 이를 관철시켰다.

사민·자민 연정은 1969년 3월 대통령 선거에서 사민당과 FDP가 공동으로 법무부 장관 하이네만을 대통령으로 선출했을 때, 그리고 당선 후 인터뷰에서 하이네만이 이를 "부분적인 정권 교체"라고 표현했을 때부터 그 윤곽이 드러났다.

하이네만이 대통령이 됨으로써 에베르트 이래 처음으로 사회민주주의자가 대통령이 되었다. 전형적인 대통령 유형에 맞는 인물은 아니었지만 하이네만은 아데나워 정치에 대한 단호한 비판자이며 법 정책 분야에서 소신 있는 개혁가로 두각을 드러낸 인물이었다. 그는 시민적 대통령으로서 국정 전반에 걸쳐 일부 영역들을 좀 더 중시하는 입장을 표명했다. 냉정한 국가관을 대표하고 평화 모색을 촉진했으며 무엇보다 새로운 역사의식을 강조했다. 그는 독일 역사를 한편으로는 민주화의 역사 프레임 안에서 보았지만, 다른 한편으로는 제2차 세계대전의 결과를 인정하면서 그로부터 정치적 결론을 도출했다.

1969년 전후 최초의 사민당 출신 대통령으로 당선된 구스타프 하이네만

브란트가 사민·자민 연정 수상에 취임한 것은 하이네만의 대통령 당선보다 한층 더 뚜렷한 전환을 의미했다. 서독에서 처음으로 선거를 통한 정권 교체가 이루어졌으며 처음으로 사민당 출신 수상이 탄생했다. 게다가 그는 전임자와 달리 망명 투쟁을 통해 나치의 제3제국에 대해 특히 적대적인 입장을 구현한 인물이었다. 브란트에 따르면 이로써 서독은 궁극적으로 히틀러를 극복했다. 브란트가 수상이 됨으로써 독일에서는 계몽적이고 개혁적인 사고와 실천이 분출되기 시작했다.

어떤 이들은 정치적으로 새로운 방향을 설정한 자유주의와 사회민주주의의 연정을 '역사적 동맹'이라고 보았다. 사실 이런 동맹은 빌헬름 제국 시기에는 전혀 부재했으며 바이마르 시대에도 아주 짧은 기간만 일정 역할을 수행했을 뿐이다. 이제 양 진영은 신동방 정책, 내정 개혁 정책 등을 주요 내용으로 하는 전체적인 개혁 정치 프로그램에 합의했다. 하지만 FDP가 얼마 가지 않아 전통적인 지지세력[1]을 대변하는 노선으로 복귀함으로써 이 연정은 '실리적인 시한부 동맹'이 되고 말았다.

그렇지만 이 연정은 전체 바이마르 공화국 시기에 견줄 만한 기간인 13년 동안 독일을 통치했다. 연정을 결합시킨 핵심 고리는 초기에 CDU 진영의 격렬한 반대 공세를 받았던 신동방 정책이었다. 의심할 나위 없이 이 정책은 국제정치상 독일의 위상과 자기의식을 변화시켰다. 하지만 당시 연정은 국내 정치 측면에서도 특별한 궤적을 보여주었다. 이 궤적은 연정이 다양한 개혁 정치를 추구하며 흥분 속에 시작되었지만 1973/74년 밀어닥친 경제 위기 때문에 경제 문제가 정치의 전면에 부각되기 시작하자 멈춰 섰다. 이와 동시에 환경 문제, 특히 지구상에 존재하는 천연자원의 한계가 의식되기 시작한 것은 의미심장하다. 이렇게 볼 때 1970년대는 본질적으로 브란트 집권기와 슈미트 집권기로 대표되는 두 시기로 구분될 수 있다. 두 수상의 집권기는 한편으로는 나름의 방식대로 각각 한 시대를 구현했지만 다른 한편으로는 사회민주주의 정치의 두 가지 양상(버전)을 구현했다고 볼 수 있다.

---

1 경제계 등의 부르주아층을 말한다.

이 시기 많은 젊은 (고학력을 지닌) 당원의 입당을 통해 당 자체도 커다란 변화를 겪었다. 1970년대 중반, 당원의 약 2/3가 이전 10년, 즉 1960년대 중반부터 1970년대 중반 사이에 사민당에 입당한 것이었으며 이는 당의 정치 문화를 바꿔놓았다. 이것은 옛 당원들의 시선에서 보면 긍정적인 것만은 아니었다. 당내 조직이 점차 복잡해짐과 함께 당내 여론 형성 과정의 역동성이 뚜렷이 증가했는데 이는 결과적으로 당내 분파 형성을 촉진했고 당에 지속적으로 부담이 되었다.

브란트 시대의 개막

1969년 10월 28일에 브란트가 발표한 정부 성명서는 아마 지금까지 독일 연방의회에서 수상들이 발표한 것 가운데 '최고로 야심찬' 통치 프로그램 선언이었다. 이는 조금 과장해서 표현된 것처럼 마치 새 국가 수립을 알리는 '건국 선언문'처럼 읽혔다. 성명서의 과감한 여러 개혁 프로그램을 한데 묶는 핵심 문장은 "우리는 더 많은 민주주의 Mehr Demokratie wagen를 시도하고자 합니다"였다. 브란트의 정부 성명서는 동시에 새로운 독일 정책과 동방 정책을 선포했다. "실험은 하지 맙시다 keine Experimente!"를 구호로 내세웠던 CDU의 보수주의나 신좌파의 급진주의와는 차별성을 보였던 새 연정에 다양한 기대가 집중되었다. 새 연정은 기술관료technocrat적 근대화 프로그램부터 광범위한 사회변혁에 이르기까지 다양한 개혁안이 제기되는 플랫폼이 되었다.

동독에 대한 새로운 관계 설정(1민족, 2국가) 그리고 동유럽 공산주

1969년 연방의회 선거에서 "새로운 근대적인 독일 건설"을 구호로 내세운 사민당 수상 후보 빌리 브란트 이 선거에서 승리함으로써 전후 최초로 사민당 주도의 정부가 탄생했다.

의 국가들과 관계 변화를 모색한 사민당 정부의 신동방 정책은 대연정 당시에는 엉거주춤했던 정책을 수정했다. 대연정 기간 중 CDU/CSU가 근본적으로 아데나워 시기의 노선에 집착했기 때문에 사민당은 외무부 장관을 맡았음에도 별다른 돌파구를 찾을 수 없었다. 새로운 정책은 제2차 세계대전의 결과를 수용하려는 자세를 포함해서 새로운 현실주의 노선의 표현이었다. 동독 및 동구권 국가들과의 협조 체제를 점진적으로 형성하고 국가 간 관계 개선을 통해 기존의 대립 상태를 수정하기 위해서는 현재의 세력 균형을 공식적으로 인정해야 했다. 그리고 제2차 세계대전 후 형성된 현재의 국경선을 인정함으로써 국경을 넘어서 자유로운 왕래가 가능하도록 만들어야 했다.

뜨거운 열정을 담아 동시에 다양한 차원에서 추진된 동방 정책은 동독과의 새로운 관계, 베를린의 안전 보장, 소련 및 폴란드와의 새로운 관계 설정을 포괄했다. 당시 권력 관계를 고려해서 새 정부는 우선 가장 핵심이자 전체 윤곽을 구성하는 상위 조약으로 '모스크바 조약'을 체결하고 이를 '바르샤바 조약', '베를린 협약', '4개국 조약' 그리고 동독과의 기본 조약으로 확대·발전시켰다. 이 중에서 특히 동독과의 기본 조약은 수많은 후속 협약을 통해 (많은 역행적 상황과 난관에도 불구하고) 단계적으로 독일 정세를 정상화하고 양독 주민들의 교류를 수월하게 하는 데 기여했다. 물론 이 조치들은 동독이 곧 서독에 의존하도록 만들기도 했다.

독일과 서방의 결속 부분에 대해서는 전혀 의문시하지 않았던(물론 초기에는 브란트 정부가 이 정책에 대해 여러 차례 설명 작업을 전개해야 했다) 신동방 정책은 국제정치적으로 매우 중대한 의미가 있는 것이었다. 유럽안보협력회의KSZE: Konferenz über Sicherheit und Zusammenarbeit in Europa 프로세스는 신동방 정책 없이는 아마 성립되지 못했을 것이다. 그것은 신동방 정책을 다자 관계에 확장·적용한 것과 마찬가지였다. 이 프로세스는 동서 진영 사이의 긴장완화 정책을 제도화했다. 그뿐만 아니라 헬싱키 최종 의정서 3부에 보편적 인권과 시민권에 대한 공동 인정 조항을 명시함으로써 동유럽 공산주의 국가 안에서 체제에 대해 지속적으로 문제를 제기하는 반정부(야당) 활동에 문서상의 근거를 마련했다.

신동방 정책은 국제정치적으로 곧 여러 방면에서 인정을 받았다. 이미 1971년에 브란트는 이 공적으로 노벨평화상을 수상했다. 그러나 독일 내 여론에서는 이 정책에 대해 논란이 분분했다. CDU/CSU와 일부 언론은 매우 거세게 공세를 취했다. 비판의 논점은 공산 정권들과의 협정에 대한 원론적인 반대에서부터 모스크바의 뜻에 굴복하고 있다는 비난, 국익에 대한 배신이라는 비난을 거쳐 접근 방식과 조약문 내용의 결점에 이르기까지 다양했다. 반면 노동조합과 교회 일부, 무엇보다 지식인·문화인 계층은 지지를 표명했다. 사회적 논쟁이 계속되자 의회 내 사민·자민 진영이 차지하던 미미한 과반수 의석은 바로 동방 정책 때문에 위태로워졌다. 몇몇 민족자유주의 경향을 지닌 FDP 의원들과 사민당 의원들이 반대로 돌아섰기 때문이다. 결국 의회 내 과반수 확보가 불가능한 세력 관계가 형성되고 조기 총선을 통해 해결할 수밖에 없는 상황이 형성되었다.

수많은 정치 영역의 변혁을 추구하면서 여기에 사회민주주의적인 목표 구현과 사회 내의 개혁 열풍을 반영하려 한 내정 개혁 정책도 홍분에 찬 희망을 주었다. 개혁은 정치에 대한 크나큰 신뢰를 바탕으로 가능했다. 그런데도 여기서 특징적인 것은 이 개혁이 하나의 거대한 개혁플랜(마스터플랜)으로 구성된 것이 아니라 다수의 시민들에게 더 많은 분배를 실현하려는 많은 개별 개혁으로 이루어졌다는 점이었다.

예를 들어 교육제도와 공동 결정권 확대를 통해 사회적 약자들도 진전된 사회복지의 혜택을 받을 수 있도록 한 것이다. 그 외에 기술관료적인 근대화와 효율적인 개발계획이라는 요소도 간과될 수 없다. 1969년 이래에 이루어진 개혁처럼 이렇게 많은 영역에서 개혁이 추진된 사례는 서독 역사에서 이제까지 한 번도 없었다. 그래서 이 시기는 '서독 제2의 형성기' 또는 '제2의 건국'으로 지칭된다.

"더 많은 민주주의를 시도하고자 합니다"라는 구호는 유권자 연령의 하향 조정뿐만 아니라 정치 프로세스의 더 많은 투명성, 더 커다란 사회적 참여를 뜻했다. 경제 영역에서도 새로운 '사업장노사관계법Betriebsverfassungsrecht' 제정을 통해 고용자들과 사업장평의회의 발언권이 강화되었다. 기업 공동 결정제도의 확립 방안도 타진되었지만 이는 FDP의 반대에 부딪혀 지체되다가 1976년 슈미트 내각 때에 와서야 실현되었다. 고용자들의 자산 형성을 촉진하는 시도도 쉽지 않았다. 1970년대 초는 다시 한 번 사회복지국가의 확장기이기도 했다. 한스귄터 호케르츠Hans-Günter Hockerts는 이때를 "사회복지국가 팽창의 최대 가속화 시기"라고 지칭한다. 연금 보장 생활권자의 범위가 대폭 확대되었으며 연금 연령의 유연화가 시행되었고, 사회적 약자들에 유리하게 분배하는 개혁이 단행되었다. 교육제도 개혁은 이 분야에서 연방정부의 권한이 전체 교육제도의 구성과 대학 교육제도의 전체 틀 같은 분야에만 제한되어 있었음에도 매우 커다란 의미가 있다. 사민·자민 연정이 추진한 교육 개혁의 핵심은 교육에 접근하기 어려운 사회계층에도 교육 기회를 제공하는 교육제도의 확충이었다. 그런데 여기서 교육 참여권과 사회 정책적인 성격을 지닌 교육 내용을 둘러싸고 뜨거운 논란이 일었으며 이는 보수적인 반대 진영을 결집시키는 결과를 초래하기도 했다.

이전 정부로부터 이어받아 계속 추진한 형법 개혁을 살펴보면 형법이 분별력 있고 자기 책임 의식이 있는 시민을 중시한다는 점을 보여준다. 그런데 낙태 처벌과 관련된 제218조의 개정은 난제難題였다. 한편에는 태어나지 않은 생명의 보호라는 관점, 다른 한편에는 신여성운동에 의해 자아실현 측면에서 강조된 여성의 권리라는 관점, 이 두 가지 관점이 충돌했다. 수년에 걸친 논쟁 끝에 결국 사회적·의학적 근거가 있는 경우 낙태를 허용한다는 포괄적인 규정Indikationsregelung이 제정되었다.

그 외에는 도시 개발과 토지 사용권 문제가 개혁 대상이었는데 이 부분에서는 (FDP의 제동으로) 연정의 개혁 작업이 매우 더디게 진행되었다. 주목되는 사실은 이 시기에 도시 개발과 공간 구성에서 진행된 패러다임 전환이었는데, 이 전환에는 오랫동안 엄격한 근대화 노선을 표방해온 사민당도 일정 부분 기여했다. 그동안 구조 부분에서 달성한 성장과 '삶의 질Lebensqualität'이라는 개념이 이제 더욱더 중요한 역할을 수행하게 되었다.

개별 영역을 들여다보면 개혁적 맥락이 매우 독특했다. 예를 들어 연방 방위군의 경우 우선적으로 이들을 위한 일반(민간) 대학을 설립해 장교 교육을 담당하게 하며 이를 통해 방위군을 나치 전통으로부터 단절시키고 민주 사회에 통합하는 것이 관건이었다.

일부(특히 좌파에 속하는) 사민당원들은 개혁이 충분하지 않다고 보았으며 특히 독자적인 세력으로 성장하던 Juso는 체제 극복적인 개혁을 해야 한다고 선전했다. 반면 대중에게서는 곧 개혁 피곤증이 관찰되었으며 개혁이 자신들에게 불이익을 가져다준다고 파악한 자들의 저항도 커졌다. 개혁정치는 기대했던 것보다 훨씬 힘이 드는 일임이 점차 분명해졌다. 개혁에 필요한 재정도 문제를 초래해 카를 실러와 알렉스 묄러Alex Möller는 1971년과 1972년에 각각 사퇴했다. 한 회기 동안 두 명의 사민당 소속 재정부 장관이 물러난 것이다.

결국 1972년 총선의 조기 실시가 공지되자 선거운동이 뜨겁게 진행되었다. 이 과정에서 신동방 정책을 둘러싼 열띤 논쟁 때문에 개혁정책을 둘러싼 토론은 뒷전으로 밀려났다. 이 논쟁은 독일 사회를 심각하게 양극화시켰고 대중의 지지를 얻은 빌리 브란트와 반대파 지도자 라이너 바르첼Rainer Barzel 사이의 개인적 대립으로 각인되기도 했다. 사민당이 선거운동을 통해 브란트와 신동방 정책을 대한 사회 구성원 대다수의 지지를 이끌어낸 것은 매우 심대한 의미를 지닌다. '빌리 선거'로 기억에 남게 된 1972년 11월 19일 총선에서 사민당은 역사상 최대의 승리를 거둘 수 있었다. 사민당은 45.8%를 얻어서 최다 득표 정당이 된 반면, CDU/CSU는 44.9%, FDP는 8.4%를 기록했다. 사민당과 CDU/CSU 두 거대 정당의 득표를 합산할 경우 총 91%를 득표함으로써 궁극적으로 2.5정당제[2]가 정착된 것처럼 보였다.

1973~1974년: 전환기이자 분수령

1972년 선거에서 거둔 눈부신 승리가 사민·자민 연정의 정책 추진을 용이하게 만든 것은 결코 아니었다. 브란트는 지나치게 과도한 직무와 선거운동 기간에 누적된 피로 때문에 거의 탈진 상태여서 새 내각 구성 작업조차 부분적으로 브란트 없이 진행되었다. 무엇보다 당내 파벌 갈등이 심화되어 일상이 되었다. 이런 현상은 한편 당의 진로를 둘러싼 근본적인 견해 차이가 드러난 것이지만 다른 한편 '실현 가능한 것'과 '바람직한 정치'에 대한 정치문화적인 이견과 인식 차이 때문이기도 했다. 1973년, 분배를 둘러싼 갈등이 점차 고조되자 그들이 연정에 걸었던 과도한 기대에 비추어 실제 이루어진 성과가 보잘것없다고 느낀 연정 지지자들, 특히 사민당 지지자들은 그 실망감을 브란트에게 집중해서 퍼부었다. 브란트에 대한 그라스의 혹독한 비판이 그 좋은 예였다. 더욱이 브란트의 최측근이던 베너가 모스크바 방문 기간 중 브란트를 거칠게 공격한 것은 특히 심각한 사건이었다. 여기서 베너는 베를린 협약의 적용 문제만 비판한 것이 아니라(이 비판을 통해 베너는 사실상 동독이나 소련의 입장을 두둔했다), 개인에 대한 인격 모독이라는 인상을 줄 정도로 브란트를 비판했다. 당시 미국 방문 중이

---

2 두 개의 거대 정당(1+1)과 한 개의 군소 정당(0.5)이 축을 이루는 정치 형태를 가리킨다.

던 브란트는 이에 격노해 즉각 일정을 중단한 채 귀국했다. 베너는 곧 자신의 잘못을 사과했고 브란트는 이를 받아들였지만, 베너의 공격과 이에 대한 브란트의 반응은 브란트의 권위를 실추시켰다. 공공 부문·운송·교통노조(ÖTV)와의 임금 단체 협상에서 정부가 밀린 것도 이와 비슷한 방향으로 영향을 끼쳤다(여기서 노조는 파업을 통해 10% 이상의 임금 인상을 달성했다). 게다가 1974년 함부르크 주 의회 선거에서 사민당이 패배한 것도 브란트에게 분명히 짐이 되었다. 다시 말해 브란트의 정치적 위상은 기욤 스캔들[3]이 터지고 결국 연정이 무너졌을 무렵에는 이미 매우 약화된 상태였다.

대범한 정치적 용기로 동독과의 관계를 정상화시킨 서독 수상 브란트 주변에서 동독 간첩이 활동했다는 사실, 따라서 그가 브란트의 사생활에 관한 상세한 정보를 이용해 브란트를 협박할 수도 있었다는 사실은 분명히 베너가 브란트에게 사퇴를 촉구할 근거가 되었다. 하지만 전체적으로 보아 기욤 스캔들은 브란트 퇴진의 원인이라기보다는 오히려 구실이었다.

수상청 주인의 교체는 정치 영역에서의 주제 변화와 맞물려 일어났다. 특히 1973년 아랍과 이스라엘 간에 네 번째로 발발한 욤 키푸르Jom-Kipurr 전쟁은 우선 (극적인 석유 소비 절약 조치 때문에) 석유 부족 사태

---

3 1974년 브란트 수상의 보좌관 가운데 귄터 기욤(Günter Guillaume)이라는 인물이 동독 스파이라는 사실이 폭로된 사건으로, 브란트가 퇴진하는 계기가 되었다.

로, 그다음은 유가 폭등으로 이어졌으며 또 다른 요소들과 함께 결국 지속적인 인플레이션을 수반한 세계적인 경기 침체를 초래했다. 이 상황에서 슈미트는 새로운 도전을 극복하는 데 적합한 지도력을 갖춘 경제·금융 전문가로 보였다.

1973/74년 위기는 통상적인 경기 악화 이상이었다. 고도성장을 가져왔던 전후 경기곡선이 종식된 것이다. 이후 시대에는 항상 이전과는 비교할 수 없는 작은 규모의 경기 상승과 하강의 주기적 곡선만 있었다. 이때까지 사민당 개혁 정책이 추구하는 사회복지 정책의 확대에 필요한 재정이 성장률을 통해 조달되었다는 점을 고려한다면, 사회민주주의 정책이 지금까지 의지했던 전제 조건(성장)이 이 위기로 사라진 것이다. 사민당과 노동조합이 이 사실을 깨닫기까지는 여러 단계의 과정과 시간이 필요했다.

사민당이 처한 상황은 다음 사실들을 통해 더욱 복잡해졌다. 바로 이 시기에 '성장의 한계'에 관한 로마 클럽 보고서가 발표되었는데, 이로 인해 그동안 산업주의가 초래한 환경 파괴에 대해 근본적으로 문제를 제기하는 토론이 불붙게 되었다. 그에 따라 수년간 경제 정책을 요구하는 진영과 환경 정책을 요구하는 진영 사이에 갈등, 모순 관계가 심화되었으며 이는 사민당의 정책을 딜레마에 빠뜨렸다. 노동조합이 경제성장에 우선권을 부여해야 한다는 분명한 입장을 내세웠기 때문이다. 사민당은 경제적 관점과 환경적 관점을 함께 풀어가야 하는 과제에 직면했다.

결국 이 시기에 사회 정책적gesellschaftspolitisch 환경의 전환이 일어났다. '방향전환Tendenzwende'이라는 말이 회자되었다. 개혁 추진 자세가 약화됨과 동시에 보수주의가 고개를 들었다. 이러한 맥락에서 볼 때 일부 개혁가들도 '방향전환'이 필요하다고 주장했다는 점이 주목을 끈다.

어쨌든 사회민주주의는 이제 한편에는 강화되는 보수주의, 다른 한편에는 정치적 스펙트럼을 설정하기 어려운 대안운동, 이 두 가지와 마주해야 했다. 이러한 상황은 사민당의 "새로운 불투명성의 시대Neue Unübersichtlichkeit"(몇 년 후 하버마스가 사용한 표현)를 열었다.

새로운 도전에 직면한 사회민주주의 정치

슈미트는 수상 취임 후 첫 정부 성명서에 '연속성과 집중'이라는 제목을 달았다. 사실상 슈미트는 특히 외교, 독일 정책[4]에서 브란트의 노선을 계승했다. 하지만 그는 자신의 관점에서 보기에 전임자의 부풀려진 정치 구상을 부분적으로 철회하고 좀 더 강력하게 '빵과 버터'와 관련된 정치 영역[5]에 집중하고자 했다.

슈미트의 노력은 물론 일차적으로 당면한 위기 극복을 위한 것이었지만 현실적인 개혁 정책은 계속 추진하고자 했다. 사민당이 1976년 선거운동에서 모토로 내세웠던 슬로건 "발전 모델로서의 독일!Modell

---

4 대동독 정책 혹은 통일 정책을 의미한다.

5 경제를 가리킨다.

Deutschland!"에서는 분배의 권리와 분배 성과를 수반하는 독일식 사회적 민주주의의 장점이 특별히 강조되었다. 반면 CDU/CSU는 "사회주의 대신 자유를!"이라는 논쟁적인 구호를 내세웠다. 이를 통해 사민당과의 연정 정책이 공산주의 동유럽의 정책과 가깝다는 인상을 부각시키려 했던 것이다. 물론 이런 폄하 전략은 슈미트의 정책과 프로필을 아는 당시 독일 사회에서는 어리석은 일이었으며 기껏해야 Juso와 당내 좌파에 해당되는 일이었다. 사민당과 FDP는 1976년 총선에서 헬무트 콜Helmut Kohl을 수상 후보로 내세운 CDU/CSU(48.9%)보다 많은 표를 얻었다(사민당 42.6%, FDP 7.9%).

슈미트는 독일 경제가 직면한 위험의 압도적인 비중이 내부가 아닌 외부로부터 오는 것으로 보았다. 인플레이션을 동반한 세계경제의 침체, 미국 대외무역 정책의 압도적인 강세, 환투기 현상 등이 이유였다. 그는 다른 누구보다 일찍 이 문제들이 국가 방어적인 경제 정책을 통해서가 아니라 세계경제 강국들의 공동 협력을 통해서만 극복될 수 있다는 것을 인식했다. 그래서 슈미트는 자신이 재무부 장관 시절부터 원활하게 협력해왔던 프랑스 대통령 지스카르 데스탱Giscard d'Estaing과 함께 7대 경제 강국들의 정상회담을 창설했다. 여기에서 1975년부터 책임 있는 정치가들이 중요한 정치적·전략적인 문제들, 무엇보다 경제·금융 정책에 관한 의견을 교환하고 조율하도록 시도했다. 슈미트는 이 정상회담에서 탁월한 역량을 발휘해 세계경제 전문가로 인식되었고, 당시 서방 세계에서 가장 영향력 있는 정치가 반열에 올랐다.

그리고 그는 사실상 보호무역주의적인 경향을 막고, 인플레이션을 억제하며, 각국이 조율된 처방을 하도록 합의를 이끌어내는 데 성공했다. 어느 정도 케인스주의의 발전적 계승이라고 볼 수 있을 만큼 국제적인 공동 조율을 추구하는 정책Politik konzertierten Handelns이었다.

물론 슈미트는, 현재의 위기가 경기순환의 문제일 뿐만 아니라 경제의 구조적인 문제(예를 들어 구 산업 분야가 저임금 국가로 이전해 발생하는 산업구조 변화의 문제)이기도 하기 때문에 전통적 경기 부양책인 케인스주의는 좁은 의미에서 빠르게 한계에 부딪힐 것이라고 인식했다. 그의 견해에 따르면 고전적 경기 부양 정책은, 급속한 부채 증가를 초래하는 것 말고는 헛수고가 될 것이 분명했다. 따라서 슈미트는 서독의 경우 특정 분야에서는 성장을 촉진하면서도 재정 안정화로 이를 보완하는 정책을 폈다. 그런데 후자의 경우, 긴축 정책은 사회복지 분야에도 적용되었기 때문에 노조와의 대립으로 이어졌다.

이러한 상황에서 슈미트 및 그가 이끄는 사민·자민 연정과 사민당 사이의 관계는 복잡하게 전개되었다. 특히 사민당 좌파는 연방정부의 정책을 신랄하게 비판하는 입장이어서 사민당은 자기 당의 수상이 이끄는 정부인데도 마치 야당 시절의 정책을 계속하는 듯한 경향을 보였다. 당 총재직을 계속 맡았던 브란트는 슈미트와 당 사이에서 중재를 시도했다. 하지만 그는 기본적으로 당의 고유 권한을 존중했으며, 슈미트가 제기한 "자책적인 편타고행주의"라는 비난에 맞서 당을 옹호하면서도 동시에 정부를 지원해야 할 필요성과 정치적 가능성에 대해 현실적 판단을 해야 할 필요성도 강조했다. 나아가 브란트는 국제 정치 분야에서 사회주의 인터내셔널의 의장이자 남북문제위원회의 위원장으로서 자신의 역할을 수행해 세계적으로 높은 평가를 받았다. 또한 1970년대 후반 당 총재 역할을 계속 수행하면서 수상 슈미트보다 브란트를 따르는 사민당원들이 더 많은 현상이 발생할 정도로 개인적인 르네상스를 경험했다. 슈미트는 존중되었고 브란트는 사랑받았다. 그런데 세월이 가면서 두 사람이 서로 다른 노선을 택하는 정치 영역이 조금씩 넓어졌다. 특히 당이 처한 상황에 대한 두 사람의 평가에 차이를 보였다.

국민정당인 사민당과 사민·자민 연정은 1970년대 후반 새로운 도전에 직면했다. 재정 건전성과 실업 문제 외에 에너지 문제, 환경 정책, 테러리즘, 동서 진영 사이의 새로운 대립적 안보 문제, 폴란드의 민주화를 주장하는 '연대(솔리다르노스트)' 노조의 출현과 그들이 동서 관계에 미치는 영향 등이었다. 같은 시기 독일 사회의 새로운 정치적 열풍이 독일 사회 일부 집단을 움직여서 일종의 대안 운동의 모습을 지니게 되었다는 사실은 대단히 중요한 의미를 지닌다(신공항 건설과 같은 교통 인프라 정책 반대, 핵발전소 반대, 나토 이중 결의안 반대 등). 사민당은 지금까지 어떤 다른 정당들보다도 사회와 국가 정책 사이에서 여론을 연결하려고 노력해왔기 때문에 이러한 현상은 매우 심각한 문제였다. 1970년대 초 사민당이 사회의 정치화를 주도적으로 이끌고 이를 당이 설정한 목표와 연결했다면, 이제는 사민당 스스로가 부분적으로 커다란 사회적 쟁점의 토론장이 되었기 때문에 예전처럼 사회적 공감대를 이끌어내면서 이 문제들을 해결하는 데 어려움을 겪었다.

이 시기에는 전 세계적으로 핵에너지 개발이 추진되었다. 서독 정부도 유가 폭등과 같은 석유 시장 문제에 직면해서 핵발전소 건설을 서둘렀지만 또한 다양한 에너지원 개발에도 노력을 기울였다. 특히 노르트라인베스트팔렌 주 사민당은 석탄 에너지의 계속 사용을 추진해 성과를 거두었다. 1974년 이래 독일에서 형성되기 시작한 핵에너지 확산 반대 운동에도 불구하고 사민·자민 연정은 핵에너지 개발 정책을 유지했다. 사민당 일부는 이 정책에 반대하기 시작했지만 노조와 산업계는 핵에너지 개발 정책을 계속 추구하도록 정부를 압박했다. 이 상황에서 엠케는 핵에너지 계속 사용 노선을 유지하면서도 이후 핵에너지 탈피와 대체에너지의 가능성을 염두에 둔 노선을 개발했다. 그 결과 사민당의 에너지 정책은 다음과 같이 자기모순적으로 표현되기도 했다. "헬무트 슈미트와 함께 핵에너지 찬성을, 에르하르트 에플러와 함께 핵에너지 반대를!"

빠른 속도로 네트워크를 확장해가던 환경운동도 사민당에 영향을 주었다. 사민당 한편에서는 환경·생태 문제에 관심을 기울였지만, 다른 한편의 친노동 세력들은 환경보호가 일자리를 위협할 뿐 아니라 산업발전에 장애가 된다며 반대하고 나섰다. 당시에는 아직 환경과 산업 부문 일자리가 서로 대립되는 것으로 파악되었다.

환경운동과의 관계는 1970년대 말, 1980년대 초 무렵 당의 프로필과 관련해서도 문제가 되었다. 브란트는 대안운동 진영 청년 세대에게 당을 개방하고자 했던 반면, 리하르트 뢰벤탈Richard Löwenthal은 사민당과 산업주의의 관계를 강조했다. 그리고 그의 노선에는 렝거를 비롯한 온건한 사민당 진영이 합류했다. 따라서 사민당이 68운동[6] 일부 진영 외에 풀뿌리민주주의Basisbewegung 운동 진영을 받아들여야 할지, 그들이 스스로를 기꺼이 사민당에 통합되도록 할지는 미해결 문제였다. 여하튼 사민당은 에플러를 위원장으로 기본가치위원회를 소집해 사민당과 이 대안운동 진영과의 차이점과 공통점을 분석하고 그들이 주장하는 주요 사항들을 당 강령에 반영하려고 시도했다.

1970년대에는 라틴아메리카 반정부 게릴라들의 투쟁 노선을 독일 급진주의와 접목한 적군파RAF: Rote Armee Fraktion의 테러리즘이 독일 사회의 뜨거운 문제로 떠올랐으며 정부도 이에 대응해야 했다. 이미 1972년 RAF 제1세대가 모두 체포되었지만 그들을 계승한 제2세대는 체포된 동료들을 석방하도록 압박하기 위해 전방위적으로 집요한 시도를 펼쳤다. 당시 사민·자민 연정은 슈미트 수상 주도 아래 (당내 일부나 독일 사회의 일부가 조언한 것과는 달리) 이 문제에 대해 신중하게 접근했다. 정부는 테러리즘 퇴치에서 법치국가의 틀을 엄정하게 준수하는 방식을 채택했다. 이 방식은 '접촉제한법'의 경우에도 적용되었는

6 1960년대 중반 유럽과 미국을 휩쓸었던 시민운동으로 기존 정치권의 권위주의 타파 외에 반전, 반핵, 여성의 권리 등 민권을 외쳤다.

데 사민당 안에서 이에 관해 논란이 분분했다. 1977년 가을 루프트한자 여객기가 RAF에 의해 공중 납치되어 인질극이 벌어졌을 때, 연정은 확고하고 단호한 결단과 신속한 조치를 통해 소말리아의 모가디슈 공항에서 이들을 구출하고 RAF를 결정적으로 약화시키는 데 성공했다. 여기에는 헬무트 슈미트 수상 외에 한스요헨 포겔Hans-Jochen Vogel과 한스위르겐 비슈네프스키Hans-Jürgen Wischnewski가 특별히 기여했다.

독일 정책과 외교 정책 분야의 경우 슈미트 정부는 여유를 갖고 기본 조약을 구체적인 협정으로 전환시키려고 노력했다. 그런데 이는 고난의 길이었다. SED 정권이 서독에 대해 '선 긋기Abgrenzung' 정책을 추구하고 있었으며 이념적으로 사회민주주의Sozialdemokratismus가 동독에 영향을 미칠까 두려워하고 있었기 때문이다. 소련조차 서독의 정책을 통해 동독의 SED 지배 체제가 서서히 무너질지 모른다는 점을 인식했기 때문에 동베를린 당국에 분명한 경고를 보내기도 했다. 슈미트 재임기에 소련과의 관계뿐 아니라 폴란드와의 관계도 계속 개선되었다. 폴란드와는 독일 출신자들의 이주 허용 문제를 포함한 다양한 문제와 관련된 협약들이 체결되었으며 소련과는 장기적인 경제협력에 관한 협정이 체결되었다.

폴란드의 반정부 인사들이나 솔리다르노스트[7] 운동은 독일과 공산주의 국가들과의 관계 개선에 장애가 되었다. 사민당은 체코슬로바키

7 연대노조를 가리키는 말이다.

아의 반체제 그룹 '카르타77'을 지원하면서 이들의 등장을 그동안 사민당이 추구한 동방 정책이 초래한 변화로 해석했다. 하지만 다른 한편 사민당은 슈미트와 브란트 그리고 사민당이 보기에 누구보다 독일인들에게 더 많은 유익을 가져다준 긴장완화 정책의 결과에 맞서서 공산 정권들이 시도할지 모르는 반발에 대해 우려하기 시작했다. 그렇기 때문에 '바르샤바 조약' 기구 군대가 솔리다르노스트를 무력 진압하기 위해 폴란드에 진입하는 사태를 저지해야 했다. 1981년 12월 슈미트는 동독 방문 중 폴란드에 계엄령이 선포된 사실을 접하고 당황했다. 이는 슈미트를 외교적으로 매우 어려운 처지에 몰아넣은 사태였다.

물론 사민당은 동구권 공산주의 체제의 현 상태와 그냥 타협한 것이 아니라 그들의 개혁을 원했다. 이를 위해서는 유럽 공산주의 정당들, 특히 이탈리아 공산당이나 동구권 공산당 대표들과의 대화도 필요했다. 장기적으로 볼 때 개혁공산주의를 향한 사민당의 이러한 희망은 미하일 고르바초프Mikhail Gorbachev의 개방·개혁 정책 덕에 성취되었다.

사민당은 이와 동시에 서유럽 통합과 이베리아 반도의 민주화 쟁취를 위해서도 적극 개입했다. 1970년대 이래 유럽 공동체에서는 반복적으로, 특히 재정 부분에서 문제가 발생했는데 서독 사민당은 프랑스와의 긴밀한 협조 아래 그리고 유럽 의회를 위한 직접 선거를 통해 고정환율 문제에서 한 걸음 진전을 이루는 데 성공했다. 당시 유럽 의회 선거에서 서독 측 대표 주자는 결코 평범한 정치가가 아닌 바로 브란트였다. 지미 카터Jimmy Carter의 대통령 재임기에 서독과 미국의 관계는 예기치 않았던 긴장 아래 있었다. 상이한 이해관계 그리고 동서 관계에 대한 견해 차이가 노출되었다. 슈미트와 다른 사민당 지도자들은, 자신들은 국제정치에서 현지 주민들을 위한 실용적인 관계 개선을 위해 노력하고 있는 반면에 카터의 인권 정책은 냉전의 이데올로기적인 대결의 연속이라고 보는 경향이 있었다. 1979/80년 연말 소련이 아프가니스탄 영토로 진격했을 때 카터는 이를 중동 진출을 꾀하는 소련의 전략적인 결정이라고 보면서 강경 노선을 채택한 반면, 슈미트는 소련의 정책에 대해 분명하게 비판하면서도 냉전으로 복귀해서는 안 된다는 입장을 천명했다. 슈미트는 분명 행동반경이 넓지 않았던 동독 정부와 공동으로 이 사태를 진정시키려고까지 애썼다.

사민당을 정말로 어려움에 빠지게 한 문제는 군비 축소였다. 브란트는 이미 긴장 완화 정책을 군비 축소 협상으로 유도하려고 시도했었다. 그러나 중거리 미사일 감축 MBFR 협상은 성과가 없었다. 미국과 소련은 SALT1 협정에서 각국이 보유한 전략 미사일의 수량을 제한하는 데 합의했지만, 슈미트의 의지와는 달리 유럽에 배치된 전략무기는 여기에 포함되지 않았다. 소련은 유럽 전략적인 무기의 근대화를 통해 이 영역에서 서유럽에 대해 우위를 차지하려고 했다. 그러자 슈미트는 1978년 런던 연설을 통해 경고의 메시지를 발표했다. 그리고 슈미트의 영향 아래 소련에 중거리 미사일에 관한 협상을 제안하는 동시에, 이것이 성사되지 않을 경우 중거리 미사일과 순항미사일을 배치하기로 선언했다. 이른바 '나토 이중결의안'이었다. 이 결의안은 사민당 내에서 처음부터 논란이 분분했다. 슈미트는 다음 사실을 과소평가했다. 바로 '나토 이중결의안'과 이 때문에 촉발될 군비 경쟁에 반대하는 평화운동이 일어난 것이다. 이 운동에는 군사적 세력 균형 논리로는 설득할 수 없었던 사람들이 참여했다. 동독과 소련이 크레펠트Krefeld 호소문을 중심으로 모여든 사람들을 전력 지원했다는 사실은 이 대중운동을 단지 부분적으로만 설명해준다. 연방의원 일부까지 포함하는 수많은 사민당원들도 사민당 수상 슈미트의 정책에 맞서는 평화운동 진영에 가담했다. 1981년 10월 본의 호프가르텐에서 20만 명 이상이 운집한 채 열린 미사일 무장 반대 항의집회에는 사민당의 에플러가 브란트의 동의 아래 연사로 나서기도 했다. 브란트도 평화운동에 다가갔다. 그는 이런 방식으로 사민당과 평화를 추구하는 젊은이들이 지속적인 대립 관계에 빠지는 것을 막고자 했다.

그러나 슈미트는 점점 브란트로부터 따돌림을 당한다고 느꼈다. 그런데도 '나토 이중결의안'에 대한 대립적 입장이 충돌했던 1982년 3월 사민당 전당대회에서는 다시 한 번 수상 슈미트와 사민당 국방부 장관 한스 아펠Hans Apel이 수용할 수 있는 타협안이 통과될 수 있었다. 이 타협안은 일단 '나토 이중결의안'을 유지하면서도, 만약 소련과의 협상이 실패할 경우 미사일을 배치하는 문제는 다시 전당대회를 열어 최종 결의하기로 하는 조건부였던 것이다.

사민·자민 연정의 붕괴

1980년 총선에서 CDU/CSU가 내세운 수상 후보자는 슈트라우스였다. 그는 오랜 세월 반복해서 사민당을 거칠게 공격해왔으며 여러 스캔들에 연루되었던 인물 그리고 지난 수년 동안은 국내 정치에서 사민당의 '적 이미지Feindbilder'를 조장해온 인물이었다(이는 그동안 너무 악용되어 이미 영양가가 어느 정도 소진되기는 했다). 그렇기 때문에 1980년 선거운동은 특별히 강도 높게 치러졌다.

사민당은 우선 외교 정책 주제를 갖고 선거전을 치르려고 했다. 하지만 선거운동의 열기가 더해가면서 쟁점이 점차 국내 정치 분야, 특히 국가 부채 분야로 옮겨갔다. CDU는 1976년에서처럼 "사회주의 대신 자유를!"이라는 구호를 내세웠다. 반면 FDP의 전략은 주목을 끌 만했다. 그들은 "슈미트를 수상으로 강력히 지원해주기 원하는 사람은 FDP를 찍어야 한다"라고 선전했다. 선거 결과 사민당은 이전보다 아주 조금 더(42.6% 대신에 42.9%) 득표했으며, CDU는 48.6%에서 44.5%로 감소했던 반면, FDP는 놀랍게도 이 전략으로 대승(10.5%)을 거두었다. 1980년 설립된 녹색당은 1.5%를 얻는 데 그쳤기 때문에 원내 진출에는 실패했다. 그들은 양극화의 희생물이 된 것이다.

이미 선거 직후부터 연정 파트너인 사민당과 FDP가 아직 어느 정도로 정책상의 공통분모를 가지고 있는지에 대한 토론이 끊이지 않았다. 독일 정책과 외교 정책은 아직 통합적인 요소로 작용했지만 경제 정책, 사회 정책, 재정 정책 또는 공동 결정권 부문에서는 견해차가 점점 크게 벌어졌다. 연정 협약도 막연한 상상의 여지를 전혀 남기지 않았을 뿐 아니라 사민당 내에서조차 수많은 비판에 직면했다. 경기 변동이 부정적으로 진행되는 한, 당내 어두운 분위기도 점차 강화될 수밖에 없었다.

1981년 FDP는 점차 사민당과의 연정을 자동적으로 무너뜨릴 수밖에 없는 노선을 택했다. 시민의 자기 책임을 더 강조하고 사회복지 정책의 복지 급부 축소를 요구하는 FDP 한스디트리히 겐셔Hans-Dietrich Genscher의 '변심 서한', 새로운 신자유주의 경제 정책을 요구한 FDP 소속 경제부 장관 오토 그라프 람프스도르프Otto Graf Lambsdorff의 발제안이 단계적으로 '전환'의 시작을 알렸다. 람프스도르프 발제안은 FDP가 1973년 이래 경제부 장관을 맡아왔다는 사실을 볼 때 새삼 신기한 일이었다. 또한 FDP는 경제 위기의 부담을 분배할 때 빈부의 사회적 측면을 고려하는 것(사회복지비 삭감에 대한 반대급부로 고소득자에 대한 추가 세금 부과 등)을 거절했다. 이러한 노선 변경의 동기는 영미권에서 불어오는 신자유주의 바람과 시장급진주의 정책에 적응하고자 한 것일 뿐 아니라 계속 사민당과 함께할 경우 과반수 의석을 달성하기 어려울 수 있다는 정치적 두려움 때문이었다. 아마 당 기부금 스캔들과 관련한 사면 시도가 사민당 때문에 실패한 것도 FDP가 사민당에 등을 돌리게 되는 데 영향을 줬다고 보인다.

물론 사민당은 (이란의 이슬람 혁명으로 야기된) 새로운 경기 침체가 실업자를 증가시켰기 때문에 더욱 곤경에 빠졌으며, 이제는 스스로에 대해 회의에 빠지기 시작했다. 당 중앙 사무총장 페터 글로츠Peter Glotz는 이 흐름을 막기 위해 노력했는데, 그 결과가 당 개혁 차원에서 구상된 '역사가 위원회'와 문화 포럼 설치였다. 이는 당의 정체성 강화뿐 아니라 사회 내 문화적 헤게모니를 둘러싼 투쟁에 기여하려는 포석이었다. 그러나 무엇보다도 재정 건전성을 둘러싼 어려운 협상과 군비 확대 문제에 관한 당내 심각한 분쟁이 당원들의 심기를 몹시 자극했다. 사민당 안에서는 사민·자민 연정이 점차 짐으로 여겨졌다.

결별을 향해 나아가는 FDP의 노선 그리고 이와 연관된 사민당의 당내 문제에 직면해 온건파 사민당원들조차 연정 종식을 주장했다(적지 않은 사민당원들은 연정의 정책이 사회민주주의의 정체성을 훼손하고 있다고 보았다). 슈미트는 오랫동안 연정 지속을 위해 투쟁했으며 이를 위해 FDP의 지도자 겐셔와 대화를 시도하기도 했으나 겐셔는 분명한 입장을 보이지 않았다. 슈미트는 결국 연정을 끝내고 FDP 장관들을 해임하기로 결단을 내렸다. 그러자 그들은 스스로 사퇴함으로써 가까스로 해임을 면했다.

어떤 이들은 '역사적 동맹'이라고까지 간주했던 사민·자민 연정은 양자 사이에 존재했던 공통점들이 점차 소진되어갔던 시한부 연정으로 드러났다. 그렇지만 신자유주의 철학과 시장급진주의를 추구하면서 좌파자유주의 또는 사회적자유주의 노선을 점차 밀어낸 FDP의 새로운 노선이 연정 종식에 결정적이었다. FDP의 이러한 노선 변화 때문에 연정 참여가 이제 진저리난다고 판단하는 분위기가 사민당 내에 강화되었던 것이다.

1982년 10월 1일 연방의회에서 슈미트는 그가 수상으로서 한 마지막 대연설을 통해 그동안 사민·자민 연정이 이룩한 성과를 높이 평가하면서, 동시에 FDP의 노선 변화를 '배신'으로 규정했다. 그러고 나서 그는 현직 수상에 대한 일종의 불신임 투표였던 신임 수상 선출을 통해 수상직에서 물러났다. CDU의 콜이 신임 수상에 선출되었으나 FDP 전체가 연정 교체를 지지하지는 않았다. 그 항의의 표시로 사무총장 귄터 페어호이겐Günter Verheugen, 잉그리트 메트하우스마이어Ingrid Mätthaus-Maier 등 FDP 주요 인사들은 FDP를 탈당하고 사민당에 입당해 사민당 내 좌파자유주의 성향을 강화했다.

10
야당으로서의 새로운 방향 모색

FDP의 변심을 주원인으로 하여 성립된 CDU·FDP 연정은 당시 그들에게 결여된 정당성을 확보하기 위해 1983년 3월에 선거를 실시하기로 했다. 슈미트는 건강상 이유를 들며 사민당 수상 후보로 나서기를 거절한다고 밝혔다. 사실상 그는 수년 전부터 중한 심장 질환을 앓고 있기도 했지만 지난 몇 년 동안 당이 그로부터 멀어진 것도 거절 사유였다. 슈미트는 1982년 브란트와 주고받은 서신에서 자신의 수상 재직 시 당이 보였던 노선에 대해 감추지 않고 쓰디쓴 비난을 가했다. 당 노선을 둘러싸고 브란트와 슈미트는 당시 서로 다른 입장을 대변했었다. 이제 슈미트는 그가 당시 수상으로서 당권을 장악하려 하지 않았던 것을 후회했다. 유력한 사민당 지도자 두 사람의 갈등과 상처는 훗날 브란트의 서거 직전에야 비로소 극복되었다.

사민당의 새로운 수상 후보로는 전 뮌헨 시장이었으며, 사민당 집권기에 법무부와 도시건설부 장관, 베를린 시장 등을 두루 역임하다가 베를린 의회 선거에서 리하르트 폰 바이츠체커Richard von Weizsäcker[1]에게 패배했던 한스요헨 포겔이 지명되었다. 그는 정치 경험이 풍부한 인물로, 뮌헨에서는 당내 좌우파의 힘겨루기 과정에 일시적으로 우파로 기울어서 온건 사민당원 모임인 제하이머 그룹의 창설을 주도한 한 사람이었다. 하지만 그는 그 외에는 뚜렷하게 당내의 통합적인 입장을 대변해왔다. 총선을 위한 선거전에 임하는 사민당이 처한 상황은 매우 어려웠다. 한편으로는 새로운 경기 침체로 인한 실업률 상승(지난 사민·자민 정권에 책임이 있다고 여겨지는), 다른 한편으로는 사민당 내 대립과 갈등 때문이었다. 한스요헨 포겔의 선거공약은 연속성을 내세우면서도 지난 사민·자민 정부의 실책도 인정했으며, 미사일 배치 문제에서는 평화운동 진영의 입장을 지지함으로써 슈미트의 정책에 등을 돌렸다. 선거 결과 사민당은 겨우 38.2%(이는 1965년 선거 결과보다 더 나쁜 것이었다)를 얻은 반면, CDU/CSU는 46.8%로 거의 과반수 의석에 육박했으며 FDP는 연정 이탈과 관련해 발생한 탈당과 당내 갈등에도 불구하고 7%를 얻었다. 녹색당이 5.6%를 득표해 원내 진출에 성공함으로써 사민당 옆에 또 하나의 야당이 생긴 것도 사민

---

1 바이체커는 CDU의 인사로, 훗날 독일의 대통령이 된다.

당에는 곤란한 문제가 되었다.

안보 정책, 환경 정책, 사회 정책에 대한 새로운 입장

연방의회에서 다시 야당 자리를 차지한 사민당은 당의 활동 방식을 바꾸는 일도 필요했고 동시에 정책 분야별로 새롭게 주요 노선을 정립하는 것도 필요했다. 한스요헨 포겔은 연방의원연맹 조직을 새롭게 정비해 정책 분야별 연구회 시스템을 관철했다. 그 결과 전체 의원연맹이 결속하게 되었으며 당의 활동 역량이 훨씬 개선되었다. 정책 내용 측면에서 당은 이전 사민·자민 연정 당시 반反슈미트적 입장이었던 당내 반대파의 노선을 부분적으로 수용했다. 그 한 예로 당은 1983년 11월 쾰른에서 열린 특별전당대회에서 군비 관련 정책에 대해 슈미트가 포함된 14명의 반대를 물리치고 군비 증강에 대한 반대 노선을 결의했다. 중거리 미사일의 독일 배치에 반대하는 군중 시위에 사민당 총재 브란트가 참가해 연설도 했다. 사민당은 이제 평화운동의 일부가 된 것과 같았다. 국제정치적으로 볼 때 사민당의 노선 변경이 긍정적인 결과만 가져온 것은 아니다. 이미 1983년 1월 사회당 출신 프랑스 대통령 프랑수아 미테랑Francois Mitterrand은 독일 연방의회 연설에서 (사민당 노선과 달리—옮긴이) 미사일 배치를 지지했다. 서유럽 일부 국가들은 사민당의 노선 변경이 대립하는 양 진영 사이에 위치한 독일인들이 느낀 두려움을 표현한다고 보았다. 그들은 나아가 동맹 정책의 관점에서 독일 사민당이 완전히 신뢰하기는 어려운 파트너라고 평가절하하기 시작했다.

사민당의 노선 변경은 새로운 군사 전략을 도입하자는 요구와 연결되었다. 동서 세력 균형 이론은 이제 포기되어서 바르는 이미 1981년 이래 '동·서 진영의 공동 안보gemeinsame Sicherheit von Ost und West' 라는 정책 개념을 대변했다. 그리고 이것이 사민당 안보 정책의 푯대가 되었다. 군비 축소를 향한 좀 더 강력한 노력이 이와 결합되어 있었는데 여기에서 사민당의 별도 외교 정책, 즉 동구권 공산당들, 특히 동독 SED와의 대화가 중요한 역할을 했다.

정권 교체 때문에 사민당은 무엇보다 자신들이 일구어온 동방 정책, 독일 정책 분야에서 걱정이 많았지만 예상 밖으로 슈트라우스의 지원을 얻은 콜은 자신들이 오랫동안 반대해온 사민·자민 연정의 신동방 정책을 (부분적인 수정과 함께) 계승했다. 그리고 사민당은 계속 이 영역에서 발언권을 유지하려 시도했다. 사민당은 동구권 공산당, 특히 SED와 대화를 전개했으며 그 결과, 군축 협상의 틀 안에서 1985년에는 중부 유럽에서의 화학무기 폐기, 1986년에는 핵무기 폐기 방안에 대한 합의를 이끌어냈다. 이 제안들이 동서 협상에서 실질적인 의미는 없었다 해도 체제 경계를 넘나드는 지속적인 대화의 결과였으며 동서독 사이에 공감대가 존재한다는 신호였다. 그러나 이보다 더욱 주목할 만한 일은 사민당 기본가치위원회가 1985년 이래 SED 당 중앙위원회 산하의 사회과학아카데미와 함께 '이데올로기 갈등과 공동의 안보'라는 공동 선언문을 작성하기 위해 대화를 계속한 것이었다. 이는 사민당과 SED가 함께 이데올로기적 문제를 다루는 새로운 토론

문화를 추구했다는 사실을 보여준다. 그들은 서로 존중하기를 원했다. 다시 말해 상대방의 개혁 가능성을 부정하지 않고, 각각 본국에서 자신의 노선에 대한 이론 제기를 허용하고자 했던 것인데 이는 사민당보다는 SED의 경우 매우 광범위한 양보를 의미했다. SED 정치국이 수용한 이 발제안이 곧바로 재야 세력들에게 지침서로 작용하자 SED 지도부는 곧바로 이 문서를 철회했다.

사람들은 혹시 사민당이 지나치게 동독 집권당인 SED와의 대화에 집착해 동독 내의 재야 비판 세력의 목소리에 별로 귀 기울이지 않은 것은 아닌지 의문을 제기할 수 있다. 사실 CDU/CSU도 동독 내 재야 비판 세력의 목소리에 대해서는 거의 주목하지 않은 것이 분명하다. 여하튼 사민당 지도부와 동독 개신교회 사이에는 잘 작동하는 연락망이 존재했으며 게르트 바이스키르헨Gert Weisskirchen 같은 몇몇 의원들은 동독 재야인사들과 지속적으로 개별 접촉을 유지하고 있었다.

독일 문제에 임하는 사민당의 기본 입장은 1980년대 이래 서서히 조용하게 변화를 보였다. 공식적으로는 2국가주의를 천명했음에도 사민당 수상이 여전히 단일민족 사상을 강조했었다면, 이제는 규범적 틀로서의 민족 개념은 서서히 희미해져갔다. 1980년대 동안 사민당 안에서도 탈민족주의적인 사고가 영향력을 확대해갔는데, 하버마스식 헌법애국주의 개념이 그 긍정적 주도 이념이 되었다.

핵발전소와 관련해서도 사민당은 이제 집권 당시의 입장으로부터 돌아섰다. 사민당은 이제 핵에너지로부터의 신속한 하차를 추구했다.

1986년 뉘른베르크 전당대회에서는 10년 안에 핵에너지로부터 하차할 것이 결의되었다. 야당으로 돌아온 사민당은 분명 이 정책을 어떻게 구체적으로 실현하는가 하는 문제로부터는 이미 멀리 떨어져 있었다. 첨단 기술에 대한 회의적인 입장이 당내에 얼마간 지배적이었다. 사민당은 새로운 정보·통신 기술도 양면적으로 바라보았으며 무엇보다 이들이 일자리에 미치는 부정적인 영향에 주목했다. 사민당은 기술Technologisch 경제 프로세스와 관련해서도 점점 더 거의 방어적으로 처신했다.

산업사회를 친환경적으로뿐 아니라 사회복지 측면까지 고려하면서 개편하는 문제는 물론 사민당에서 지나칠 만큼 자주 토론되는 주제가 되었다. 무엇보다 당내에 노동과 환경에 관한 강령이 제정됨으로써 경제와 환경 측면의 정면 대립이 점차 희석되거나 해소되었다. 이 문제점들은 새로운 강령 제정[2]을 둘러싼 토론에서 핵심적 자리를 차지했다. 브란트 주재 아래 제정된 이르제Irsee[3] 선언 초안은 생태사회주의 노선에 가까운 입장을 확정하고 동시에 좌파 국민정당의 정책 노선을 계속 추구한다고 천명했다. 여론에서는 이것이 이른바 미래에 대한 회의주의 입장을 드러내고 있다고 비판했다.

강령 제정을 둘러싼 논의에서는 젠더 문제도 전보다 강도 높게 다

2 1984년 에센 전당대회에서 새 강령 제정이 결의되었다.

3 초안 작성에 관한 위원회의 결정적 모임이 열렸던 장소이다.

뤄졌다. 남성적·여성적 사고방식과 행동방식에 관한 토론이 진행되었으며 이 과정에서 남성성은 대개 비판적으로 파악되고, 극복되어야 할 것으로 간주되었다. 여성성은 새롭게 평가되어야 하지만 이것이 어떻게 직업 세계에 적응되어야 할지에 대해서는 논의의 여지를 남겼다. 어쨌든 1988년 뮌스터Münster 전당대회에서 여성 할당제가 결의된 결과 사민당 내 여성 당원의 비중은 뚜렷이 증가했다. 여성 할당제는 단계적으로 당내 모든 위원회에 남녀 동수가 참여하도록 하는 조치였다. 독일 정당 가운데 여성 선거권을 처음 도입했던 것이 바로 사민당이었음에도 뮌스터 결의는 하나의 작은 당내 혁명이었다.

변화된 정당 구도 속의 사회민주당

1983년 녹색당이 또 하나의 야당으로 연방의회에 진출하자 사민당은 앞으로 어떻게 하면 정권 교체를 위한 과반수 의석을 확보할 수 있을지 심각한 문제에 직면하게 되었다. FDP가 한동안 기한 없이 CDU의 편에 섰기 때문에 사민당에는 녹색당을 연정 파트너로 얻거나 아니면 녹색당을 물리치고 독자적인 다수파를 형성하는 것의 두 가지 가능성이 주어졌다. 첫째 대안은 우선 당시 양측의 상황을 볼 때 가능성이 희박했다. 당시 녹색당은 근본주의적fundamentalist 경향이 매우 강해서 스스로를 시민운동이나 반정당[4]으로 이해했다. 따라서 적

4 정당 자체에 반대하는 정당을 말한다.

어도 가까운 미래에는 녹색당이 사민당의 연정 파트너로 고려될 가능성이 없었다. 게다가 녹색당에는 구 사민당원이나 K-그룹 대표들이 주요 당직을 차지하고 있었으며 녹색당 내의 탈산업사회에 관한 지배적인 구상들은 비현실적인 동시에 잘못된 것으로 보였다. 그럼에도 1985년 헤센Hessen 주에서는 사민당 주지사 홀거 뵈르너Holger Börner 주도하에 현실정치적인 노선을 표명하는 녹색당과의 연립정부가 구성되었다. 1987년 무너지기는 했지만 적·녹 연정에 관한 시도가 이루어진 것이었다. 하지만 유권자들은 이 연정 실험에 아직 신뢰를 주지 않았다. 반면 함부르크 같은 시 정부뿐 아니라 라우의 노르트라인베스트팔렌 주에서도 사민당 단독 과반수 획득이 아직도 가능하다는 것을 과시했다. 물론 여기서도 전통적인 노동자 환경은 점점 더 분화되어 그 결속력을 상실해갔다.

라우는 1985년 노르트라인베스트팔렌 주 의회 선거에서 다양한 정서의 사회계층(특히 하층민들을 포괄하는)을 통합하는 정책을 내세워서 CDU, FDP를 누르고 독자적으로 과반수 의석을 확보하는 데 성공했다. 여기에는 물론 라우의 개인적인 인기도 중요했지만 지역 산업의 불가피한 구조 조정을 실시하면서도 이를 사회 정책적으로 보완하려 한 노력이 유효했던 것이었다. 두 번에 걸친 빛나는 선거 승리 이후 라우는 어느 정도 반강제적으로 떠밀려 연방 수상 후보직을 맡게 되었다. 노르트라인베스트팔렌 주의 모델을 연방정치에 적용하라는 과제를 짊어지게 된 것이다. 라우는 "분열 대신 화해"라는 모토로 내걸고 분전했지만 실패로 끝났다. 사민당은 1987년 선거에서 겨우 37%를 얻어서 1983년 선거 결과보다 조금 더 나쁜 득표율을 보였다. CDU는 44.3%, FDP는 9.1%, 녹색당은 8.3%를 얻었다.

수상 후보 라우의 경력과 이미지는 환경 문제를 중시하면서 좌파를 지향하는 당 강령과 부분적으로 조화롭게 맞아 떨어지지 않았다. 여전히 독일 정치의 중심에 있던 브란트는 선거운동 중에도 선거 전략을 비판했으며, 점점 정치의 전면에 나서기 시작한 빌리 브란트의 손자 세대는 라우를 적극 지원하기보다는 누가 라우의 후임이 될지에 더 관심을 기울였고, 사민당 본부인 올렌하우어 하우스Ollenhauer Haus는 브란트의 후계자 문제에 더 골몰했다. 전체적으로 선거운동 기간이라는 점을 고려하면 이런 상황은 여론에 매우 바람직하지 않은 인상을 주었으며 수상 후보는 거의 왕따 취급을 당하는 분위기였다. 이런 배경에서 CDU/CSU와 FDP 연립 정권은 계속 정권을 유지할 수 있었다.

그런데 이런 상황에 당 총재인 브란트는 당적조차 없는 마르가리타 마티오풀로스Margarita Mathiopoulos라는 여성을 당 대변인에 임명하려고 했다. 그러자 이제는 베벨 말고는 그 누구보다도 오랜 세월 당을 이끌어온 브란트에게마저 비판이 제기되었다. 이에 브란트는 당 총재직 사퇴를 선언했으며 사회민주주의를 위해 자유의 개념이 갖는 특별한 의미를 강조한 대연설을 남긴 후 당 총재에서 물러났다.

연방의회 사민당 원내 대표였던 한스요헨 포겔이 이제 당 총재를 겸직하게 되었다. 그는 브란트의 후임으로서 이르제 선언 초안을 둘러싼 논쟁을 거쳐 새 강령을 제정할 과제를 부여받은 위원회를 이끌었다. 그런데 당 부총재 오스카어 라퐁텐Oskar Lafontaine이 점차 자신의 지위를 이용해 개인의 대중적 인기를 높이는 데 지나치게 치중하면서 당 지도부 내에 불협화음이 발생하기 시작했다. 고데스베르크 강령의 토대 위에서 1989년 12월 결의된 새 강령은 사민당이 지금까지 걸어온 길과 현실주의 인류학 그리고 사회민주주의가 추구하는 기본가치에 관한 세심한 개념 규정 등을 포함하고 있었다. 또한 강령에는 한편으로는 그동안 논쟁을 벌여온 산업사회의 (생태 문제와 사회복지를 고려한) 재건축, 상호 존중과 소통Miteinanderumgehen의 새로운 문화, 탈민족적 정체성, 공동의 안보, 유럽 공동체에 관한 논의가, 다른 한편으로는 '공동의 집' 유럽에 관한 논의가 반영되었다. 강령에는 이처럼 중요한 주제들이 나열되었지만 전체적인 일관성은 결여되어 있었다. 1989년 12월 전당대회의 마지막 회의에는 동독과 동유럽에서 발생한 돌발적 사태들에 의해 어두운 그림자가 드리웠다. 이런 변화된 상황은 새 강령의 내용이 몇몇 대목에서는 이미 낡은 것으로 보이게 했다.

11

격동기의 사회민주당

1989~1990

SED 독재를 종식시키고 동독이 독일연방공화국에 통합시킨(그리고 동유럽에서 소련 공산당 지배가 해체되도록 한 하나의 중요한 요인이 되었던) 1989/90년의 격변은 서독을 포함한 대부분 서방 국가에서 거의 누구도 예상하지 못한 일이었다. 무엇보다 당시까지 동독은 (분명 그냥 지나칠 수 없는 문제점들이 있기는 하지만) 안정된 국가로 간주되었다. 서방으로부터 스스로 고립되거나 비밀경찰의 힘으로 서방의 영향을 무마하려는 동독 지도부의 시도는 1980년대 하반기에 계속 유지되었을 뿐 아니라 고르바초프의 개혁 정책에 거리를 두려는 노력과도 관련을 맺고 있었다. 고르바초프의 개혁 정책은 그들을 고민에 빠지게 했음이 틀림없다.

1989/90년 격변은 서독 정치권에 문제를 던졌다. 그 문제는 그들이 요동치는 정세를 어느 정도 정확하게 파악했는지, 그리고 이 격변 과정에 어느 정도 주도적으로 참여할 수 있었는지 하는 것들이다. 물론 여기서 사민당은 야당이었기 때문에 집권 CDU나 FDP에 비해 구조적으로 불리한 상황이었다.

사회민주당과 비폭력 혁명

서독 여론이 동독의 정세 변화를 접하면서 점차 재야운동 세력에 대한 우호적인 관심과 공감대를 키워가고 있던 반면, 서독 정부는 1989년 가을까지는 동독 정국을 불안정하게 만들 어떤 조치도 삼가면서 수동적인 자세를 고집했다. 1989년 6월 17일 의회 연설을 통해 동독 정세에 대해 단호하고 비판적인 평가를 내놓은 것은 그동안 특히 동서독 정부 간 대화를 계속 발전시킬 것을 주장했었던 에플러였다. 앞서 언급되었던 사민당-SED 공동 선언문과 동독 사회에 필요한 개혁에 대해 SED 지도부가 보인 행태는 당시 에플러가 SED 국가의 미래에 대해 의문을 품게 한 것이었다. 에플러는 이제 누구도 동베를린의 옛 지도부가 스스로 무너져 가는 것을 막을 수 없다고 생각했다. 그는 당시 SED 지도부에는 필수적인 개혁을 추진할 시간이 분명 조금밖에 남지 않았다고 판단했다. 지난 수년 이래 이 시점의 에플러만큼 동독에 대해 회의적으로 주장한 서독 정치가는 없었다.

1989년 가을 동독에서 발생한 시위, 탈동독 행렬 그리고 이에 대한 동독 정권의 대응을 보면서 사민당은 이제까지의 동독 정책을 계속 유지할 것인가 하는 고민에 빠졌다. 이제 사민당 평의회Parteirat[1] 위원장인 노베르트 간젤Norbert Gansel은 (동방 정책 설계자인) 바르의 유명한 공식인 '접근을 통한 변화'를 뒤집어서 '거리 두기를 통한 변화'를 주장하고 나섰다. 사민당 지도부 일부에게는 이제까지의 노선 수정을 받아들이기가 분명히 어려웠다. 그들의 노선은 동서 진영의 공동 안보를 우위에 놓고 추진한 것이었으며 공동 안보에 대한 관심은 현상 유지의 토대 위에서 새로운 안보구조를 구축하는 것에 집중되었기 때문이었다. 독일의 2국가성은 이 정책의 자명한 전제였다. 독일 문제는 '공동의 집 유럽'이라는 틀 안에서 서독과 동독 관계의 지속적 발전이라는 문제로 축소되어 있었다.

물론 사민당 내에서도 몇몇 정치가들은, 누구보다 브란트가 최전선에서, 변화된 상황에 직면해 기존 노선을 재검토하고 발전시키기 시작했다. 독일 정책과 유럽 정책의 호환성을 추구해온 브란트는 동서 관계에서 이제 좁은 보폭이 아니라 큰 보폭의 정치가 필요하다는 점을 인식했다. 1989년 10월(다시 말해 아직 베를린 장벽이 무너지기 전, 그리고 콜이 통일 방안에 관한 10개항을 제안하기 이전)에 고르바초프와 나눈 대화에서 브란트는 이미 동서 유럽이 서로 접근하고 있는 변화된 상황에서 양 독일 국가를 포괄하는 하나의 지붕ein gemeinsames Dach이 가능

1 당원 전체가 모이는 전당대회와 당 지도부 사이의 중간 대의기구를 말한다.

한지에 대한 문제[2]를 제기했다. 그리고 콜이 통일에 관한 10개항 프로그램을 제안한 1989년 11월의 같은 날 사민당 총재 한스요헨 포겔은 콜과 매우 유사한 5개항의 프로그램을 발표했다.

당내 청년 세대들보다는 중장년 세대에 의해 대변된 이러한 입장에 반대하는 목소리가 제기되었는데, 여기에는 무엇보다 브란트의 '손자들'[3]이 나서서 2국가성을 포기해서는 안 된다며 경고의 목소리를 높였다. 동독이란 당연한 존재가 부정되어서는 안 된다는 입장을 옹호하는 그라스도 특히 목소리를 높였다. 이 입장에 따르면 독일의 분단(2국가성)은 한편으로는 제3제국과 홀로코스트에서 절정에 이르렀던 압제 정권의 불가피한 귀결이며, 다른 한편 현재 유럽에서 평화로운 질서를 유지하기 위한 전제조건이었다.

독일 통일에 대해 서로 다른 입장을 가진 양대 세력은 1989년 12월 새 강령 제정을 위해 소집된 베를린 전당대회에서 정면으로 충돌했다. 한편에서는 브란트, 다른 한편에서는 라퐁텐이 각 진영의 입장을 인상적으로 천명했다. 브란트는 이미 이 시점에 통일로 가는 정책을 적극 주도해야 할 필요성과 가능성을 보았다. 역사적 배경이나 현재 정치의 경험을 토대로 볼 때 독일 통일은 단순히 독일 민족의 문제에 그치는 것이 아니었다. 그것은 유럽 분열의 극복이라는 커다란 전망

---

2 통일된 독일을 말한다.

3 손자 세대의 정치가들을 의미한다.

에서 볼 때 확고한 정당성이 주어지는 부분 프로세스였다.

> 어디에도 여러분, 독일인들은 언젠가 공동의 유럽이라는 기차가 종착역에 도착할 때까지 대피 선로에 그대로 머물러 기다리고 있어야 한다고 씌어 있지 않습니다.

반면 라퐁텐은 그에 앞서 2국가성의 극복을 회의적으로 바라보는 자신의 입장을 노골적으로 드러내며 "독일 짓거리"에 대해 경고했다. 전당대회에서 그는 사회민주주의의 국제주의 전통에 밑줄을 그었다. 동독 문제와 관련해 그는 단지 동독에 서독과 같은 생활수준을 실현하는 정치를 촉구했을 뿐이었다. 이와 같은 상황에서 당 총재 한스요헨 포겔은 의장단과 당 평의회에서 국가적 통일의 달성을 사민당 정치의 목표로 천명하는 결의안을 진통 끝에 가까스로 통과시킬 수 있었다.

동독 사회민주당(SDP) 창당

1989년 가을 동독에서, (서독 여론에는 놀랍게도) 재야운동 세력의 조직화와 정치세력화가 이루어지는 과정에서 사회민주주의 정당이 등장했다. 동독 지도부가 여전히 어떠한 야당 세력의 등장도 용납하지 않으려 했던 1970년대 후반에 동독 이곳저곳에서 사민당 (재)창당에 대한 구상이 태동했다. 사민당이 성공적으로 창당되도록 주도적 역할을 수행한 사람이 두 명의 목사 마르틴 구차이트Martin Gutzeit와 마르쿠

1989년 동독 사민당의 창당

스 메켈Markus Meckel이라는 사실은 의미심장하다. 이는 반정부적 사고가 개신교회의 지붕 아래에서 점차 발전했다는 사실을 여실히 보여준다. 메켈과 구차이트는 동독에서 재야운동의 핵이 된 독립적 평화운동에 적극 가담했었다. 1989년 초 이래 대담하지만 위험 부담이 큰 창당 구상을 품은 채 활동해오던 그들은 8월 말 재야의 여론을 향해 동독 사민당을 창당하고자 하는 의사를 표명했으며 이는 서독 언론에까지 알려지게 되었다. 우선 동독의 현실 상황에 관한 공개적인 대화를 요구하거나 특정 분야의 권리를 주장했던 기타 재야 세력들과 달리 이 주도 그룹들은 의식적으로 정당의 창당을 원했다. 이는 사실상 체제 문제를 제기하는 것이어서 SED에게 엄청난 도전을 의미했다. SED의 관점에서 볼 때, 사민당 창당을 통해 재야운동은 의심할 여지 없이 새로운 질적 국면에 직면하게 된 것이다.

창당 발기인들은 다당제에 입각한 의회민주주의, 경제 정책상으로 사회적 시장경제 그리고 권력분립과 법치국가를 추구했다. 그들은 제3의 길을 꿈꾸지 않았으며 다수의 경우는 풀뿌리민주주의를 꿈꾸지도 않았다. 오히려 그들은 전반적으로 서방의 인권, 시민권 전통과 특히 사회민주주의 전통을 중시했다. 기본적으로 그들은 브란트와 슈미트의 사민당을 모델로 삼았다.

정식 창당은 동독 정권 수립 40주년 기념일에 베를린 북쪽 슈반테의 목사관에서 창당 선언문에 서명한 남녀 46명이 참가한 가운데 이루어졌다. SED의 시각에서는 불법 정당인 사민당에는 동독 시민운동이 추구하는 목표가 불충분하다고 생각해 동독의 근본적인 변혁을 원하는 시민들이 가담했다. 이 점에서 SDP는 개신교회 신도들의 범위를 넘어서, 특히 기술 분야와 자연과학 분야의 지식층들에게 매력을 행사했다.

창당은 서독 사민당의 어떠한 지원도 없이, 오히려 사민당은 제대로 알지도 못하는 사이에 이루어졌다. 물론 동독 사민당은 사회주의 인터내셔널에 가입하기 위해서라도 서독 사민당과의 접촉을 시도했다. 발기인 가운데 하나이며 친지 방문을 위해 서독에 머물고 있었던 슈테펜 라이헤Steffen Reiche가 이미 10월에 동독 사민당을 서독 여론에 소개했었다. 그러나 카르스텐 포이크트Karsten Voigt, 에곤 바르, 발터 몸퍼Walter Momper 등 서독 사민당의 동독 문제 관계자들은 일단 이에 대해 주저하는 반응을 보였다. 포겔과 브란트가 동독의 신당에 대해 열린 자세를 보였지만 당 지도부도 창당 추진과 관련된 전향적인 행동은 포기했다. 그러자 사민당 내에서 처음에는 개별적으로 신당을 지원하는 움직임이 시작되었는데, 점차 당의 하부 조직들 그리고 결국은 지도부도 여기에 합류했다. 물론 처음에는 아무 유보 없이 신당을 지원해야 할지와 그들을 자매 정당으로 보아야 할지에 대해 어느 정도 불안감이 있었다.

사실 창당은 동독의 개혁을 염두에 둔 것이었다. 그런데 베를린 장벽이 제거된 이후 다른 재야 세력과 마찬가지로 SDP도 동독 주민 다수가 추구하는 통일 문제에 대해 어떻게 처신해야 할지 고민에 빠졌다. SDP는 이미 1989년 12월에 통일을 지지하는 노선을 채택했지만 서독과 동독이 대등한 처지에서 통일을 이루길 원했다. SDP는 점점 서독 사민당에도 하나의 고민거리가 되었다.

1990년 2월 라이프치히 전당대회(2월 22~25일)를 통해 이제 동독에서도 더 이상 SDP가 아니라 서독과 같은 SPD로 불리는 사민당이 정식 창당되었다. 당 기본 강령이 채택되었으며 이브라힘 뵈메Ibrahim Böhme를 당 총재, 마르쿠스 메켈, 카를아우구스트 카밀리Karl-August Kamilli, 앙겔리카 바르베Angelika Barbe를 부총재 그리고 슈테판 힐스베르크Stephan Hilsberg를 사무총장으로 선출했다. 전당대회는 서독 사민당의 브란트를 명예 총재로 추대했다. 라퐁텐도 전당대회에 참가했다. 그러나 동독 혁명에 대해 여전히 냉담한 입장을 보이면서, 무엇보다 서독 언론을 의식했던 그의 연설은 동독 사민당원들에게 실망을 안겨주었다.

1990년 3월 18일에 폴크스카머Volkskammer[4]를 결성하기 위해 전개된 선거 운동은 이제 막 탄생한 동독 사민당에게 힘겨운 일이었다. 서독 사민당은 동독 사민당의 독자성을 존중했다. 그러나 그들에게는 아직 선거전을 치를 수 있는 조직 구조가 턱없이 결여되어 있었다. 아무 우려 없이 과거 SED의 블록 정당이던 동독 CDU의 당 조직에 의지할 수 있었던 서독 CDU의 경우는 달랐다. 동독 CDU는 보수적인 인권단체인 '민주적 출발Demokratischer Aufbruch'과 연합해 일종의 연합 정당 '독일을 위한 동맹Allianz für Deutschland'을 구성했으며 서독 CDU 본부인 콘라드-아데나워-하우스가 선거운동을 총지휘했다. 게다가 선거운동 동안 동독 사민당은 옛 동독 공산주의자들이 모인 PDSPartei der Demokratischen Sozialismus(민주사회당)/SED와 가깝다는 의혹을 받았다. 이러한 문제 제기는 신생 정당을 위축시켰다. 그 결과 동독 사민당은 옛 SED 당원들의 입당을 당분간 더 이상 허용하지 않기로 했는데 이는 당의 발전에 장애가 되었다. 물론 이것이 어느 정도로 장애가 되었는지에 대해서는 오늘날까지도 논란거리이다.

우세할 것이란 예측과 함께 선거운동에 뛰어들었던 동독 사민당에

4 동독 의회를 가리킨다.

선거 결과는 쓰디쓴 실망을 안겨주었다. 그들이 21.9%를 득표한 반면 '독일을 위한 동맹'은 40.8%, PDS는 16.4%를 얻었다. 나치 시대 이전 사민당의 전통적인 본거지였던 중부 독일 지역들에도 과거 사민당의 전통과 지지 기반은 전혀 남아 있지 않았다(SED의 후신인 PDS가 이 지역을 장악하는 데 성공했다). 아마 통일과 관련해서 선명한 입장을 보이지 않았던 서독 사민당의 이미지도 동독 사민당에 해를 끼쳤다. 동독 사민당은 (동독 주민 대다수와 마찬가지로) 기본법 제23조에 의거한 신속한 통일을 원했지만 서독 사민당 지도부는 기본법 제146조에 따라서 천천히 통일을 추진하고 싶어 했다. 신속한 통일을 원하는 동독 사람들은 '독일을 위한 동맹'이 가장 선명하게 그들과 같은 목표를 추구한다고 믿었다.

동독 사민당에서는 이제 구성될 정부에 연립정부 파트너로 참여할 것인가에 대한 열띤 논쟁이 있었다. 리하르트 슈뢰더Richard Schröder와 마르쿠스 메켈은 참여를 적극적으로 주장했으며 결국 대연정에 참여하기로 결의되었다. 대연정은 동독의 생존과 관련된 중대한 의미를 지녔기 때문에 이후 수상직을 맡게 된 CDU의 로타어 데메이지Lothar de Maiziere도 사민당과의 대연정을 선호했다. 그 결과 사민당의 마르쿠스 메켈은 외무부 장관, 발터 롬베르크Walter Romberg는 재정부 장관, 레기네 힐데브란트Regine Hildebrandt는 사회부 장관직을 맡았다(이외에도 사민당이 두 분야 장관직을 추가로 맡았다). 이처럼 통일 과정에서 사민당은 동독에서는 새로운 정권에 참여했으며 서독에서는 여전히 야당이었다. 게다가 신속한 통일에 회의적이었던 당 총재 라퐁텐이 점차 사민당의 야당 노선을 주도했기 때문에 당내 갈등은 가라앉을 날이 없었다.

통일 과정 속의 사회민주당

사민당 수상 후보로 예상되고 또 실제로 지명되었던 라퐁텐은 1990년 내내 통일 과정에 대한 회의적인 입장을 바꾸지 않았다. 이는 사민당의 금융 정책 전문가 잉그리트 메트하우스마이어가 일찌감치 제안했던 동서독 금융통합 방안에 대한 그의 태도에서 잘 드러났다. 라퐁텐은 연방하원에서는 사민당이 이 금융통합 방안에 대해 전원 반대표를 던지도록 조율했다. 그런데도 집권당에 의해 이 안건이 연방상원에 상정되자, 이번에는 사민당에 속한 주 대표들이 기본적으로 반대표를 던지지만 한 개 주의 대표만은 이에 찬성하도록 해서 동서독의 금융통합 방안이 겨우 통과될 수 있게 했다. 개인적인 테러를 당한 결과로 잠시 동안 심신이 위축되었던 라퐁텐은 이러한 어정쩡한 노선을 취해 동독 주민들 대부분이나 서독 다수 여론 어느 쪽도 설득하지 못했다. 1990년 6월 권위 있는 시사 주간지 ≪디 차이트Die Zeit≫의 편집장 테오 조머Theo Sommer는 라퐁텐을 "부적절한 시점에 부적절한 인물"이라고 불렀다.

브란트, 라우, 포겔 같은 사민당의 지도적 인사들은 라퐁텐과는 달리 처신했으며 다양한 당 조직 차원에서 활동하던 많은 서독 사민당원들도 통일 과정에 적극 가담했다. 사민당은 특히 동독의 사회복지 문제에 주목했다. 사민당은 지속적인 비난이 문제라고 경고하면서 부동산 소유권 분쟁에서 보상보다 반환을 우선하는 기본 방침을 비판했을 뿐 아니라 통일 비용 조달에 대해서도 경고했다. 당시 통일 비용은 전반적인 세금 인상 대신에 부분적으로는 사회복지 축소를 통해, 부분적으로는 국가 부채 증가를 통해 조달되고 있었다.

동독 사민당과 서독 사민당의 협력은 시간이 흐르면서 점차 강화되었다. 1990년 9월 27일, 다시 말해 국가적 통일 이전에, 두 정당은 베를린에서의 인상적인 행사를 통해 통합되었다. 통합전당대회에는 명예 총재 빌리 브란트, 총재 한스포겔, 동독 사민당의 마지막 총재(뵈메는 이전의 슈타지Amt für Staatssicherheit[5]를 위해 활동한 경력이 폭로되어 총재직에서 물러나야 했다) 볼프강 티르제Wolfgang Thierse를 포함한 부총재들이 참석해서 '사민당의 통일성 회복 선언Manifest zur Wiederherstellung der Einheit'에 서명했다.

스스로를 그리 적절하지 않게 '자르 지방의 작은 나폴레옹'처럼 내세우고자 했던 수상 후보 라퐁텐은 통일 후 치러진 첫 총선에서 콜과 CDU·FDP 정부에 의해 추진되고 있는 통일 과정의 부정적 측면을 부각시키는 데에만 지나치게 집중했다. 그 외에 그는 "생태적이고, 사회친화적이고, 경제적으로 강한" "새로운 길"을 강조했다. 이런 상황에 CDU의 콜은, 사민당 수상 후보 라퐁텐이 독일 통일에 관한 어떤 접점

5 동독 국가안전부를 가리킨다.

도 찾지 못하고, 어떤 설득력 있는 대안도 제시하지 못한 것 때문에라도 선거에서 승리할 수 있었다.

통일 후 첫 총선에서 사민당은 겨우 33.5%를 얻은 반면, CDU는 43.8%, FDP는 11%를 득표했다. 녹색당은 서독 지역에서 5% 벽을 넘지 못했다. 하지만 녹색당과 연계된 '동맹 90 Bündnis 90'이 연방의회에 진출했으며 PDS도 의회 진출에 성공했다.

한심한 선거 결과와 1989~1990년 라퐁텐 노선에 대한 브란트의 비판은 총선 후 라퐁텐이 그에게 제안된 당 총재직을 스스로 포기하게 만들었다. 신임 총재에는 슐레스비히홀슈타인 주지사인 비외른 엥홀름 Björn Engholm이 선출되었다. 그는 라퐁텐과 마찬가지로 브란트 손자 세대의 기수였지만 스타일과 대외적 이미지에서 포퓰리즘 성향이 강한 라퐁텐과 달리 온건한 이미지를 가진 세련된 인물이었다.

12

연방에서는 야당, 주에서는 집권당

계속되는 당내 노선 투쟁(1990~1998)

1989~1990년 사민당은 당내 갈등과 철저한 변혁에 대한 어정쩡한 유보적 자세 때문에 그들이 새로운 시대를 주도적으로 이끌어갈 충분한 역량을 갖추지 못한 것으로도 보였다. 그리고 바로 이것이 연방정치에서 콜의 시대를 연장해주었다.

이처럼 연방정치에서는 사민당이 야당 자리에 있었던 반면 주 정치에서는 뚜렷이 강세를 보였다(당 총재로는 1999년 가을 한스요헨 포겔의 후임으로 한스울리히 클로제Hans-Ulrich Klose가 선출되었다). 물론 사민당은 만프레트 슈톨페Manfred Stolpe가 주지사가 되어 곧 타의 추종을 불허할 정도의 탁월한 지도자로 등장한 브란덴부르크 주에서만 강력한 영향을 행사했던 동독 지역보다는 서독 지역에서 더 넓은 지역을 석권했다.

1991년 사민당은 1980년대까지 사민당 지배 영역이었던 헤센 주에서 한스 아이헬Hans Eichel을 주지사 후보로 내세우고 녹색당과의 연합을 통해 다시 집권하는 데 성공했다. 같은 해 4월에는 전통적으로 CDU의 아성이던 라인란트팔츠 주에서 루돌프 샤르핑Rudolf Scharping을 주지사 후보로 내세워 승리했으며, 6월에는 함부르크 시에서 심지어 과반수 의석을 확보했다. 여기에 노르트라인베스트팔렌 주의 요하네스 라우, 자를란트 주의 오스카어 라퐁텐, 슐레스비히홀슈타인 주의 비외른 엥홀름 그리고 1990년 5월 이래 니더작센 주에서 주지사가 되었던 게르하르트 슈뢰더Gerhard Schröder를 합치면 사민당은 연방주 차원에서는 그야말로 막강한 지위를 보유했다. 1991년 5월 사민당은 아홉 개의 주(그 가운데 여덟 개가 서독)에서 주지사직을 차지했다.

전후 사민당 출신 수상들

위부터 빌리 브란트(1969~1974), 헬무트 슈미트(1974~1982), 게르하르트 슈뢰더(1998~2005).

이로써 사민당 내에서는 정치의 무게가 계속 주 차원에 놓이게 되어 권력의 지역 분산이란 의미에서 탈집중화가 초래되었다. 물론 사민당 라우가 오랜 세월 주지사직을 맡고 있는 최대 연방주 노르트라인베스트팔렌이 이 가운데 중심적인 지위를 차지하고 있기는 했지만 신임 당 총재인 슐레스비히홀슈타인 주지사 엥홀름은 당이 나아갈 몇몇 새로운 방향을 결정했다. 그러나 그는 이미 1993년 바셀 Barschel/파이퍼Pfeiffer 스캔들[1] 조사 과정에서 위증한 사실이 밝혀지면서 총재직을 사퇴해야 했다. 당시 정치학자 페터 뢰셰Peter Lösche와 프란츠 발터Franz Walter는 실질적으로 다중심적이었던 당시 사민당의 권력 구조를 "느슨하게 연결된 무정부 상태"라고 표현했었는데 이 때문에 당 총재직은 브란트 시절과 달리 자동적으로 한 후보에게 기울지 않았다. 그래서 공석이 된 당 총재 선출을 위한 당원 투표가 실시되었는데 이는 당 역사상 초유의 사태였다. 경선에서는 루돌프 샤르핑이 게르하르트 슈뢰더와 하이데마리 비초레크초일Heidemarie Wieczorek-Zeul을 누르고 총재에 선출되었다.

사민당은 1994년 총선에 임하며 수상 후보로 내정된 당 총재 샤르핑과 함께 라퐁텐, 슈뢰더로 이루어진 트로이카를 전면에 내세웠다. 결과적으로 사민당은 36.5%를 득표함으로써 이전보다 상승했지만 CDU/CSU가 41.4%, FDP가 6.9%를 얻음으로써 콜 정부는 과반수 의

---

1 1987년 슐레스비히홀슈타인 주 의회 선거운동 과정에 발생한 커다란 정치 스캔들을 말한다. 주지사였던 바셀(CDU)이 사민당 후보였던 엥홀름에 대해 불법적 미행, 감시, 근거 없는 악성 루머 전파 등을 지시한 사실이 드러나 정치적으로 곤경에 처한 후 의문의 변사체로 발견되었다.

석을 확보할 수 있었다. 사민당은 7.3%를 얻은 녹색당, 4.4%를 얻어서 연방 차원 정당으로서의 입지가 불확실해진 PDS와 함께 계속 야당 역할을 감수해야 했다.

당 내부를 들여다볼 때 이러한 선거 결과는 사민당에서 당권 문제가 아직 미해결 상태라는 사실을 의미했다. 당내 권력 투쟁, 특히 슈뢰더와 샤르핑 사이에서 권력 투쟁이 공공연하게 벌어졌고, 라퐁텐도 여기에 한몫을 더했다. 결국 1995년 11월 만하임Mannheim에서 열린 전당대회에서는 당 총재 샤르핑이 매우 충격적인 방식으로 당권 경쟁에서 밀려났다. 총선 패배 이후 1990년대 초에 자르브뤼켄에서 주로 이런저런 스캔들로 여론의 주목을 끌어왔던 라퐁텐은 전당대회 전에는 당 총재직에 입후보하지 않을 것이라고 밝혔었는데 전당대회 당일 갑자기 (대의원 다수를 감동시킨 열정적인 연설을 마친 후에) 샤르핑에 맞서서 입후보하겠다고 나섰던 것이다. 회칙에 어긋나는 부분이 있었지만 그의 입후보는 허용되었다. 흔히 '쿠데타'로 지칭되는 이 선거에서 라퐁텐은 실제로 샤르핑을 물리쳤으며 샤르핑은 부총재직으로 돌아갈 준비가 되어 있다고 밝혔다. 이 선거 쿠데타에 의해 사민당의 전통적인 정치 문화가 상처를 입었다.

어쨌든 이러한 혼란 끝에 이제는 당에 어느 정도 평화가 찾아왔다. 라퐁텐은 당내 다양한 그룹과 노선들을 통합하고자 애썼고 신임 사무총장 프란츠 뮌테페링Franz Müntefering(최대 지역구인 서베스트팔렌 위원장)이 이에 결정적으로 기여했다. 물론 1998년 총선에 나설 사민당 수상 후보 선정 문제는 아직 해결되지 않았다. 결국 여론 앞에 서로 친구로 등장했던 라퐁텐과 슈뢰더는 둘 가운데 당선 가능성이 더 높은 사람이 수상 후보가 되기로 합의했다. 그런데 양자 대결을 결정적으로 매듭지을 것으로 예상되었던 1998년 3월 1일 니더작센 주 의회 선거에서 슈뢰더가 47.9%를 득표함으로써 과반수 의석을 확보하는 눈부신 성과를 거두었다. 이로써 사민당 수상 후보 문제가 일단락되었다. 그동안 사민당에 부담이 되어왔던 수상 후보 문제를 둘러싼 갈등이 이로써 잠정적으로 해결된 것이다. 이즈음에 관찰된 당원 수의 현저한 감소 현상은 분명히 여러 가지 원인이 있으며 전통적인 노동자 환경의 점차적인 해체가 그중 하나이다. 하지만 당내 지도적 인사들 사이의 뜨거운 갈등과 반목도 당원들이 당에 대해 염증을 느끼게 하는 데 기여했다.

1990년대에 논쟁되던 정치적 쟁점 사항 가운데 실업 문제, 이주민 문제, 국제적인 군대 동원 작전의 경우 통일 독일의 참여 문제가 중심에 놓여 있었다. 간병보험Pflegeversicherung 제도 도입을 통해 사회복지국가 시스템이 보완될 때 사민당은 이에 적극 협력했다.

이미 엥홀름은 자신이 총재로 있을 때 망명자 문제에 대한 당의 입장을 수정했다. 대부분 경제적 동기로 망명을 원하는 사람들이 급증하자, 이는 지방자치단체들에 엄청난 문제를 던졌다. 그리고 여기서 발생한 외국인 혐오 현상이 흉악한 폭력 행위로까지 분출되고 있던 상황이었다. 1992년 본에서 개최된 특별전당대회에서 사민당은 (당내 강한 반대 목소리에도 불구하고) '페터스베르크Petersberg 결의'를 근거로 하여 망명권의 수정과 근대적인 이민권 도입을 결의했다. 이민자 급증 사태에 대처하는 제도적 방안을 찾기 위한 것이었다. 외국인 혐오에 대항하기 위해 당은 다각적인 노력을 기울였는데 예를 들어 한스요헨 포겔은 그 일환으로 '망각에 맞서서-민주주의를 위해Gegen Vergessen - Für Demokratie'라는 단체를 설립하기도 했다.

국제사회의 공동 군사작전에 대한 독일의 참여 문제도 사민당에서 논쟁거리였다. 1991년 5월 브레멘 전당대회도 당시 평화 유지 조치peace keeping에 한해서는 독일군의 참여를 수용했지만 브란트의 참여 주장에도 불구하고 유엔 지휘하의 군사 개입에 대한 참여는 거부했었다. 이 전당대회도 독일의 평화유지군 참여를 가능하게 하는 법 개정에는 동의했지만 당내에서 근본적인 사고의 전환은 아직 요원했다. 국제적인 공동 군사작전과 관련된 사민당의 근본적인 사고 전환은 옛 유고슬라비아 지역에서 발생한 내전과 인종청소의 경험, 특히 스레브레니차Srebrenica 집단 학살을 겪은 후에야 비로소 이루어졌다. 그 결과 사민당 의원들은 1995/96년 보스니아와 헤르체고비나에서의 유엔 군사작전인 IFORImplementation Force[2]와 SFORStabilization Force[3]에 대한 참여를 더 이상 반대하지 않았다. 1999년에는 이제 집권에 성공한 사민당

2 평화 유지 목적의 다국적 군대를 말한다.
3 평화 정착 유지를 목적으로 하는 다국적 군대를 말한다.

이 코소보 사태에 직면해 한 걸음 더 진전된 입장을 보였다. 따라서 1990년대에는 국제 분쟁 해결을 위한 국제사회 연합작전의 경우 독일군이 참여하는 문제에 관해 당 노선에서 뚜렷한 변화가 있었음을 확인할 수 있다.

사민당 관점에서 가장 심각한 문제는 (통일의 열기가 식은 뒤의) 실업의 증가와 그에 따라 유발된 '사회적 추위'였다. 이전 동독 지역에서 단행된 체제 전환 과정의 사회경제적 충격 때문에 사실상 독일의 사회적 정서가 달라졌던 것이다. 1997/98년 동독 지역의 실업률은 19.5%였으며 서독 지역의 경우도 당시 10% 선을 넘었다. 1998년 1월, 490만 명의 노동자가 실업자로 등록했다. 새로운 경제 정책이 필요한 시점이었다.

슈뢰더는 경제 부문에서 혁신을 촉진하기 위해 특별한 접근 방식을 시도했다. 그는 "좌파 경제 정책이냐 우파 경제 정책이냐가 관건이 아니라 근대적인 정책이냐 낡은 정책이냐가 관건이다"라는 구호를 내세워서 당 일부가 그에 저항하도록 도발했다. 하지만, 그는 점차 새로운 경제의 흐름에 역행하지 않으면서 이를 전형적이지 않은, 실용적인 방식으로 이용하려고 시도하는 사회민주주의 정책의 대변인으로 인정받았다. 1998년 5월 라우의 후임으로 노르트라인베스트팔렌 주지사가 된 볼프강 클레멘트Wolfgang Clement도 친경제적인 근대화 추진자의 이미지를 얻었다.

독일 사회당과의 관계도 사민당이 직면한 문제들 가운데 하나였다. 1998년 4월 주 의회 선거에서 옛 동독 지역인 작센안할트 주의 경우 사민당이 이전보다 더 많은 득표를 달성함으로써 라인하르트 회프너Reinhard Höppner가 소수파 정부를 유지할 수 있었는데 이는 특정 사안에 관해서는 PDS의 협력에 의지하는 구조였다.[4] 1994년 마그데부르크에서 사민당이 녹색당 계열의 '동맹 90'과 함께 시도한 '마그데부르크 모델'은 당과 여론에서 여전히 토론거리였다. 이 모델에서는 무엇보다 PDS의 SED 독재 청산 문제가 주요 관건이었다. 그런데도 당 조직이 서독 지역에 비해 취약했던 동독 지역의 사민당은 신연방주에서 PDS와의 연립정부 가능성을 타진하기 시작했던 것이다. 만약 그렇지 않을 경우에는 CDU와의 대연정을 구성해야만 과반수 의석을 확보할 수 있었기 때문이다. 1998년 11월 하랄트 링스토르프Harald Ringstorff는 메클렌부르크포어포메른 주에서 사민당과 PDS의 연정을 구성했다. 하지만 연방 차원에서는 사민당과 PDS의 거리가 아직 너무 멀리 떨어져 있어서 이와 같은 협력은 생각할 수 없었다.

1998년 총선 직전의 상황은 이전 선거와 비교할 때 사민당에 매우 유리했다. 콜 정부가 심각한 실업 문제를 제대로 제어하지 못했기 때문에 정말 오랜만에 변화를 원하는 분위기가 일었다. 사민당은 견고하게 행동했다. 뮌테페링과 그의 독립적인 홍보 팀Kampa이 효율적으

---

4 독일에서는 이를 '신호등 내각(Ampel-Koalition)'이라고 부른다. 이는 지속적으로 과반수 의석이 확보되는 일반적인 연정은 아니지만 연정에 속하지 않은 정당이 특정 사안에 관해 푸른 신호등을 켜주기로 하는 느슨한 비공식적 연정이다.

로 조직한 선거운동에서 슈뢰더-라퐁텐 쌍두마차는 놀라울 만큼 잘 작동했다. 그들은 '혁신과 정의'라는 구호를 내세워서 사민당의 전통적인 지지층뿐 아니라 실망한 CDU 지지자들을 설득하려 시도했다. 사민당은 사회민주주의적인 가치 지향성과 혁신 추구의 용기를 결합하는 역동적인 정당으로 등장했다. '일자리 만들기 연합Bündnis für Arbeit'이 일자리 창출에 총력을 기울일 것이라고 호소했다. 중간층을 겨냥한 선거운동 전략은 다음과 같은 구호에 잘 녹아들어 있었다. "우리는 어떤 영역에서는 다른 정치를 한다. 그러나 무엇보다 중요한 것은 이것이다. '우리는 많은 영역에서 더 잘한다'."

1998년 9월 27일 총선의 대승리자는 사실상 1980년 이래 처음으로 40% 선을 넘는 득표에 성공한 사민당이었다. 사민당은 40.9%를 얻었고, CDU/CSU는 35.2%를 얻음으로써 사민당이 전후 역사에서 두 번째로 최다 득표 정당이 되었다. FDP는 6.2%를 얻어 이전보다 다소 감소했으며 6.7%를 얻은 녹색당도 마찬가지였다. 이로써 사회민주주의자 슈뢰더가 차기 독일 수상직을, 티르제가 연방의회 의장직을 맡게 되었다.

13

제2의 사회민주주의 시대(?)

1998~2009

1998년 9월 총선과 함께 콜 수상의 CDU/CSU/FDP 연정 16년이 대단원의 막을 내렸다. 이 기간 내내 사민당은 연방정치에서 야당이었다. 따라서 그동안 사민당이 일련의 주 정부에 집권함으로써 상당한 정부 운영 경험을 축적하기는 했지만, 연방정부로의 도약은 이와 차원이 다른 큰 걸음이었다. 이후 11년에 걸친 사민당 집권기가 이어졌다. 1998~2005년에는 적·녹Rot-Grün 연정[1]의 수상을 배출했고, 그 후에는 CDU와의 대연정이 이어졌다. 대연정에서는 사민당이 CDU/CSU와 대등한 세력을 보유했지만 수상으로는 앙겔라 메르켈Angela Merkel을 받아

1 사민당과 녹색당 연정을 의미한다.

전후 사민당 출신 대통령

구스타프 하이네만(위, 재임 1969~1974), 요하네스 라우(아래, 1999~2004).

들여야 했다.

이 시대에 사민당이 자신의 흔적을 남기기에는 신자유주의와 시장급진주의가 너무 거셌다. 그럼에도 사민당은 부분적으로라도 이 흐름에 맞서려고 시도했다. 사민당의 노력은 오늘의 시각에서 보면 물론 충분치 않았지만 이 시기의 국가적인 정책의 한계도 함께 고려해 평가되어야 한다. 다시 말해 당시 독일에는 국제적인 흐름으로부터 이탈할 수 있는 가능성이 많지 않았다. 어쩌면 이렇게 평가할 수도 있을 것이다. 사민당은 다시금 (사민당 역사에서 그러했듯이) 당에 커다란 불이익을 초래한다 할지라도 자신의 관점에서 볼 때 중요하다고 판단한 정치적 결단을 내리는 데 망설이지 않았다.

1999년 독일 연방총회Bundesversammlung는 5년 전 선거에서는 3차 투표에서 로만 헤어초크Roman Herzog에게 근소한 차이로 패배했던 사민당의 라우를 대통령으로 선출했다. 라우는 경제적·공리주의적 신자유주의 시대정신에 맞서는 노선을 대변하기 위해 정부보다 더 결연하게 노력했다. 그러나 바로 이 때문에 그는 한때 '형편없는 대통령'이라는 평가를 받았다. 어쩌면 라우가 정부 각료들과 달리 구세대에 속한다는 사실도 이러한 평가에 기여했다고 보인다.

적·녹 프로젝트

적·녹의 승리[2]는 이미 동시대인들에 의해 '68세대의 뒤늦은 승리'라고 불렸다. 새 각료들 가운데 1940년생, 다시 말해 전후 세대가 다수라는 사실을 본다면 이 말이 옳다. 수상 게르하르트 슈뢰더와 외무부 장관 요슈카 피셔Joschka Fischer, 1960년대 강하게 불붙었던 정치 열풍에 가담한 두 인물이 정계의 선두에 섰다. 슈뢰더는 1970년대 후반에 Juso 위원장을 지냈다. 장관들 가운데 1970년대 Juso 출신들이 눈에 확 띈다. 피셔는 당시 거리 투쟁에도 가담했던 프랑크푸르트 스폰티Sponti[3]였지만 1980년대에는 녹색당 내 현실주의 진영에서 핵심 인물이었다. 적·녹 프로젝트는 이미 1980년대 말 가능성이 모색되는 듯했지만 1989/90년 동독과 동유럽 사회의 역사적 변화 때문에 뒷전으로 밀려났었다. 슈뢰더, 라퐁텐, 피셔의 사례가 보여주듯이 바로 68세대에 속하는 정치인들은 당시 전혀 예기치 않게 발생한 동유럽 사회주의

---

2 사민당과 녹색당의 연정 수립을 의미한다.

3 1970~1980년대에 역사의 혁명적 국면에 대중이 자발적으로 행동한다는 것을 강조한 독일의 좌파 운동권이다.

진영의 몰락이라는 시대적 사안의 변화로 혼란을 겪었다.

1998년에는 분명히 환경 문제도 중요한 사안으로 대두되었지만 1989/90년 격변의 후유증 문제가 여전히 사라지지 않았다. 사민당은 당시 이미 브란트가 1973년에 천명했었던 '신중도' 정책을 내세웠다. 새 정부가 추진할 정책을 위해 광범위한 지지를 얻을 수 있으리라는 희망에서였다.

내각을 구성할 때 슈뢰더 수상은 당 총재 라퐁텐과 함께 영향을 행사했다. 선거운동 기간 중에 슈뢰더와 라퐁텐은 두 사람 사이에 종이 한 장의 틈새도 없다고 밝혔지만 이제 그대로 지나칠 수 없을 만큼 견해 차이가 노출되었다. 라퐁텐은 영국 모델에 따르는, 다시 말해 광범위한 권한을 가진 재무부 장관, 즉 재정 수상과 같은 기능을 차지하려 했다. 하지만 슈뢰더는 이에 대해 코웃음을 쳤다. 내각에는 기꺼이 사민당 원내 사무총장직에 남아 있기를 원했던 샤르핑이 국방부 장관으로 들어갔으며 뮌테페링도 교통·도시건설부 장관이 되었다.

얼마 지나지 않아 라퐁텐과 슈뢰더를 잘 아는 관찰자들 가운데서는 이미 두 사람이 자신들의 자존심 때문에 곧 충돌할 것이라는 예측이 나왔다. 수상 슈뢰더가 국내 정치에서 결정적인 영향을 행사하는 인물이며 국제 무대에서도 독일을 대표한다는 사실이 라퐁텐에게 구체화되자 그는 1999년 3월 재무부 장관직에서 사퇴할 뿐 아니라 당 총재직까지 내려놓았다. 당과 여론은 도저히 이해할 수 없는 일이었다. 자신이 과감하게 제안한 정치 구상이 냉소와 비난에 부딪힘으로써 국제금융 정책 영역에서 라퐁텐의 역량이 이미 부정적인 평가를 받았다는 것은 사실 여기에서 부차적이었다. 그의 퇴진 결정에서 무엇보다 중요했던 문제는 그가 제1 바이올린을 연주해서는 안 된다는 것, 다시 말해 오케스트라의 중심에 서서는 안 된다는 것, 슈뢰더가 라퐁텐의 정치적 활동 범위를 효과적으로 제한했다는 것이었다. 사퇴 이후 라퐁텐은 ≪빌트Bild≫의 여러 칼럼을 통해서 그의 개인적인 허탈감을 슈뢰더와 사민당의 정책에 대한 공격으로 분출했다. 그는 결국 2005년 WASGWahlinitiative Arbeit und Soziale Gerechtigkeit[4]에 가담했으며 같은 해 새로 창당된 좌파당Linkspartei의 총재가 되어 훨씬 강경하게 사민당에 대한 부정적 좌표에 정착했다.

슈뢰더와 사민당이 이끄는 새 연정의 출발이 순탄치 않았다는 것은 분명하다. 라퐁텐 자리에 옛 헤센 주지사를 역임한 아이헬이 들어왔다. 그는 의문의 여지가 없는 업무 능력을 갖췄으며 1970년대의 Juso 세대에 속했던 당내 좌파 인물이었다. 하지만 재무부 장관으로서는 라퐁텐과 달리 신자유주의로 일컬어지는 국제금융 경제의 흐름에 대해서 부분적으로만 맞서고자 했던 인물이었다. 이 점에서 그는 분명히 슈뢰더와 같은 입장이었다.

당연한 일이지만 적·녹 연정은 자신들이 주장해온 국내 정치적 개혁안을 구체적으로 실현하고자 했다. 내무부 장관 오토 실리Otto Schily

4 노동과 사회정의를 위한 선거연합을 의미한다.

는 1913년 제정된 법을 대체할 새로운 시민권법 제정 작업에 착수했다. 2000년, 정부는 에너지 업계와 협정을 체결해 2032년까지 핵에너지로부터 완전히 결별하기로 합의하는 데 성공했다. 독일의 핵발전소가 평균 13년 동안은 더 가동해도 되었다는 상황을 고려한다면 이 타협안은 국제적으로 전례 없는 일이었다. 이로써 적·녹 연정은 유럽에서 처음으로 사실상 재생 가능한 에너지로의 환승을 뜻하는 '특별한 길Sonderweg'을 가기로 한 것이다. 물론 정권 교체 과정에서 이루어진 이 합의는 거센 저항으로 위험에 처하는 듯했다. 야당인 CDU/CSU와 FDP는 이 정책에 거센 반대 입장을 표명했으며 에너지에 대한 환경세 도입에도 맞서서 거센 여론몰이에 나섰기 때문이다. 그런데 환경세 도입은 그를 통해 임금 부대 비용Lohnnebenkosten이 인하되도록 설계되었기 때문에 사실상 기업 경쟁력 강화에도 유익한 것이었다.

정부는 인구 감소 때문에 예상되는 연금 재정 문제에 직면해서도 새로운 길을 갔다. 연금 재정 문제는 이전의 CDU·FDP(흑황) 연정과 마찬가지로 적·녹 연정에도 인구 변동 요소를 고려하도록 압박을 가한 것이다. 그 결과 국가가 지원하는 추가적인 노년복지제도가 도입되었는데, 이는 옛 노동조합원으로서 당시 노동부 장관이던 발터 리스터Walter Riester의 이름을 본떠 리스터 연금이라고 불렀다. 이로써 국민연금제도 외에 새로운 연금이 보험 형식으로 만들어졌다. 이는 논란의 여지가 없지 않던 프로젝트였으며 이로 인해 무엇보다 민영 보험사들이 이익을 얻었다.

그러나 높은 실업률을 해결하는 문제에서는 뚜렷한 진전을 보지 못했다. 정부는 실러식 노사정 연대인 '합주행동Konzertierte Aktion' 방식[5]을 당시 상황에 적용해 일자리를 창출하기 위한 '일자리 만들기 연대'라는 기구를 설립했다. 하지만 이 기구는 여러 차례의 거창한 대화 시도에도 노동조합과 고용주들 모두의 완강한 거부에 부딪혀서 성과를 내지 못한 채 실패로 끝났다. 이에 따라 '조용한 손'을 표방했던 슈뢰더의 경제 정책은 사방에서 비판받았다. 결국 정부는 노동시장을 개혁하기 위한 방안, 즉 VWVolkswagen 경영자인 페터 하르츠Peter Hartz를 위원장으로 하고 전문가, 고용주, 노동자 대표들로 구성된 한 위원회가 작성한 방안을 전격 수용했다. 이 방안은 일자리를 관리하는 행정을 완전히 재편하고 일자리 중개를 대폭 촉진하는 개혁안을 제시했다. 하르츠는 이 개혁이 실현될 경우 실업자 수가 절반으로 줄어들 것이라고 장담했는데, 물론 그다지 믿을 만한 예측은 아니었다.

독일의 국제사회 공동 군사작전 참여

외교 정책 부분에서도 적·녹 연정에 속한 사민당과 녹색당 모두 난감한 문제에 직면했다. 국제정치에서의 비중이 커진 독일이 세르비아에 대한 나토 개입에 참여할 것인가 하는 문제였다. 나토는 공동 군

5 1967년 경제부 장관 실러는 노사정 삼자 협의체를 구성해서 상호 소통과 이해, 양보와 협력을 통해 경제 위기를 극복했다.

사작전을 통해 세르비아 권력자 슬로보단 밀로셰비치Slobodan Milošević가 코소보에서 실시하고 있던 인종청소 정책을 중단시키고자 했다. 적·녹 연정은 이 작전에 참가하기로 결정했다. 특히 국방부 장관 샤르핑(사민당)과 피셔(녹색당)는 (그동안의 좌파의 지배적 노선과 달리) 이 정책을 정당화했다. 특히 피셔의 경우 자신이 속해 있던 녹색당 평화주의 소수 그룹이 이러한 새 정책에 반기를 들어 매우 곤혹스러운 처지가 되었다. 하지만 적·녹 연정은 이제 독일은 제2차 세계대전이라는 역사적 사건으로부터 더 이상 '전쟁 결사반대Nie wieder Krieg'라는 메시지가 아니라 인종학살 행위를 (필요한 경우에는 군사적 수단을 통해서라도) 좌시해서는 안 된다는 의무감을 도출해낸 것이었다. 동맹 정책상으로도 적절해 보인 발칸 분쟁 참여 정책은 사민당(그리고 연정 파트너인 녹색당) 내에서 반복적인 토론거리로 등장했지만 사민당 다수의 지지에 힘입어 계속 진행되었다. 1970년대 후반과 1980년대 초에 사민당 내 평화주의 운동의 대변자였던 에플러의 적절한 호소도 여기에 힘이 되었다.

2002년 이라크 전쟁이 발발했을 때는 당내 상황이 달랐다. 이라크 전쟁과 관련해 슈뢰더는 전폭적으로 사민당과 대다수 여론이 움직이는 방향에 따라 움직였다. 2001년 뉴욕 세계무역센터와 미 국무성에 대한 테러 공격 후에 슈뢰더 수상은 의회 연설을 통해 미국에 공식적으로 제한 없는 연대를 천명했다. 이는 아프가니스탄에서 벌어진 미국과 알카에다 사이의 갈등에도 해당되어 슈뢰더 정부는 미국 편에 섰다. 이라크 전쟁과 관련해서는 미국의 노선에 거리를 두었다. 왜냐하면 사담 후세인Saddam Hussein에게 대량살상무기가 있다고 하는 미국 측 주장이 전쟁 명분으로는 납득할 수 없는 것이며 사실무근임이 계속 입증되었기 때문이었다. 독일 정계는 프랑스와(러시아도 포함) 함께 이라크에 대한 미국의 정책을 지지할 자세를 보이지 않았다. 물론 그 때문에 미국으로부터 비난받았다(미 국방부 장관 도널드 럼스펠드Donald Rumsfeld는 '낡은 유럽'론을 주장하기도 했다). 슈뢰더는 결코 선거운동 때문에 이런 정책을 추진한 것이 아니었다. 이로써 그는 사민당 출신 수상 브란트와 슈미트가 추진했던 정책, 즉 원칙적인 가치 지향과 동맹에 대한 충성에도 필요한 경우 미국에 대해서조차 분명한 독립성을 지키며 독자적인 목표와 관심사를 추구했던 정책을 계승했다.

CDU/CSU와 FDP 그리고 언론의 비판이 따라다녔던 적·녹 연정의 활동은 결코 원만하게 진행되지 않았다. 2002년 선거운동 기간 중에 두 명의 장관(루돌프 샤르핑과 도이블러그멜린Herta Däubler-Gmelin)이 심하게 과장된 스캔들 때문에 퇴진했다. 그럼에도 연정이 2002년 선거에서 생존했다면 그것은 (콜의 당 기부금 스캔들에서 비롯된 CDU의 약화를 제외한다면) 이라크 전쟁에 대한 연정의 단호한 정책 그리고 2002년 여름 오데르 강 범람에 따른 홍수 사태 때 슈뢰더가 보여준 (도전자인 바이에른 주지사 에드문트 슈토이버Edmund Stoiber에 비해) 인상적인 리더십 덕분이었다. 그리고 1970년대[6] 사민당을 지지했던 사회 세력들을 어느 정도

6 브란트와 슈미트의 집권 시절을 말한다.

다시 동원하는 데 성공한 것도 선거에서 승리를 거두게 한 하나의 원인이었다.

2002년 9월 22일 총선거에서 CDU는 이전 선거에 비해 추가 득표에 성공했지만(35.1%에서 38.5%), 사민당의 손실은 근소했다(40.8%에서 38.5%). FDP는 7.4%, 녹색당은 약간의 추가 득표로 8.6%(이전에는 6.7%)에 도달했지만, PDS는 4.0%로 연방의회 문턱을 넘지 못하고 두 명의 직접 선출 후보만 배출했다. 이 사실 때문에라도 적·녹 연립정부는 존속할 수 있었다.

어젠다 2010과 그 결과

2002 연정 협상은 주로 부정적인 반향을 초래했다(무엇보다 조세 감면 혜택의 축소와 증세에 관한 토론이 있었다. 어떤 면에서는 연정 당사자들이 분명한 목표를 제시하지 못해서였다). 이는 당시까지 노르트라인베스트팔렌 주지사를 지낸 클레멘트가 경제와 노동을 포괄하는 슈퍼 장관이 되었다는 사실에 의해서도 완화되지 않았다. 실업자 수가 계속 증가하자 슈뢰더 수상은 연정 협상이 타결된 직후 독일 경제의 국제 경쟁력을 강화하기 위한 조치, 그를 위해 사회복지국가를 재편성하는 조치를 단행했다. 이는 우선적으로 수상청 장관 프랑크발터 슈타인마이어Frank-Walter Steinmeier가 기획한 것으로 사회민주주의적인 정책 안에서 어느 정도 준비된 일련의 조치들이었다. 그리고 이 정책은 시대의 정치 언어 감각에는 적합하지만 내용상 그리 설득력 있어 보이지 않는

'어젠다 2010'이라는 개념으로 집약되었다. 슈뢰더는 한 시대의 전환을 뜻하는 이 정책을 2003년 3월 14일 의회에서 공포했다. 이에 따르면 사회복지국가는 좀 더 적극적으로 강하게 인적 자원이 활성화되도록, 다시 말하면 실업자들이 적극적으로 일자리를 찾도록 조치를 취해야 했다. '요구와 지원Fordern und Förder',[7] '자기 부담과 자기 책임'이 핵심 개념이었다. 동시에 투자 증가와 경기 활성화가 관건이었다(사실상 독일은 지난 수년 동안 투자 감소로 몸살을 앓고 있었다). 어젠다 2010은 그 근거가 마련되고 그 시대적 필요성이 잘 정리되었지만, 이 정책의 본질은 세계화 때문에 격화되고 있는 경쟁에 직면한 사회복지국가의 축소가 아니라, 사회복지국가의 재편이 관건이라는 것이 분명해졌다. 슈뢰더는 이렇게 표현했다.

> 우리는 사회적 시장경제 방식으로 사회복지국가의 근대화를 추진할 것이다. 만약 그렇지 않으면 우리는 사회적 요소를 밀어낼, 멈출 줄 모르는 시장의 힘에 의해 구조 조정 대상으로 전락할 것이다.

개별 분야를 살펴보면 어젠다 2010에서는 주로 다음 사항들이 다뤄졌다. 하르츠 위원회[8]를 비롯한 각계각층에서 제안한 실업자 보조

---

7 복지 수혜자들에게 요구해야 할 것은 요구하고, 지원이 필요할 때는 지원한다는 의미이다.

8 '아젠다 2010'을 실행할 당시 슈뢰더 수상이 이끄는 적·녹 연립정부가 구성한 노동시장 개혁위원회다. 2002년 2월 설립 당시 폭스바겐의 담당 이사였던 피터 하르츠가 위원장

금과 사회보조금 제도의 통합, 실업자 보조금 지급 기간의 단축, 실업자를 노동시장에 재연결하기 위한 조치로서 직업 선택 가능성 범주의 변화, 의료비에서 피보험자의 부담액 증가, 고용자 측의 의료비 부담 상한선 설정 그리고 기업 활동 촉진을 위한 임금 부대 비용 축소가 여기서 하나의 중요한 목표였다. 이 조치들은 지금까지의 제도에 비해 엄청난 변화였으며 그 변화의 당사자는 일차적으로 전통적인 사민당 지지층이었다. 이제 장기 실업자의 경우 더 이상 지금까지의 생활수준 유지 문제가 아니라 바닥없는 추락을 막는 것이 관건이 되었다. 다른 한편 지금까지의 사회보조금 수급자는 자신의 사회적 신분[9]으로부터 해방되었으며 노동시장에 재진입할 수 있게 되었다. 조치 목록 가운데 직업 재교육 기관 설립을 위한 추가 기금이 배정되었다는 것도 언급할 만한 가치가 있다. 이들은 국가를 근대화하고 국가에 미래 가능성을 부여하려는 정부의 의도를 뚜렷이 부각시키는 것이었다.

그러나 어젠다 2010은 사민당 내에서 거센 저항에 직면했다. 이미 슈미트는 1970년대 후반에 사회보조금 지급에 어느 정도 한계를 설정하려는 문제에서 고충을 겪었다. 당 지도부는 지역별 컨퍼런스에서 이 정책을 설명했으나 이에 반대하는 당내 좌파 그룹은 당 지도부에 맞서는 당원 청원을 관철하려 시도했다가 의결정족수를 채우지 못해

을 맡아서 '하르츠 위원회'로 불리게 되었다.

9 실업자, 사회보조금 수급자라는 신분을 의미한다.

좌절되었다. 얼마 후 소집된 2003년 6월 베를린 전당대회에서는 참석 대의원 4/5가 어젠다 2010에 찬성표를 던졌다(당 지도부가 어느 정도 시간이 흐른 뒤에 이번 개혁의 성과를 점검할 것이며 대상자들에게 미칠 혼란을 최소화하기 위해 충분한 과도기 규정을 둘 것이라고 발표한 후였다). 이는 아마도 당내 좌파가 구체적인 대안을 제시하지 못하고, 오히려 일종의 사회복지국가 보수주의에 빠져 지금까지의 제도를 그대로 옹호하는 데에만 머물러 있었기 때문이었다.

여론에서 대단히 비판적으로 보도되었던 어젠다 2010의 결과는 노동조합의 신랄한 비판뿐 아니라, 특히 노동조합 배경을 가진 적지 않은 수의 사민당 당원의 탈당 사태였다. 그들이 보기에 사민당은 더 이상 과거처럼 정치 영역에서의 노동조합 활동의 연장으로서 기능하지 않기 때문이었다. 어젠다 2010의 결과는 이에 그치지 않았다. 첫째, 동독 지역에서 PDS가 격렬하게 어젠다 2010에 반대하는 선전에 나섰으며, 둘째, 서독 지역에서도 부분적으로는 노동조합의 지원을 받으며 저항운동이 등장했고 이 움직임은 결국 2004년 선거연합인 '노동과 사회정의WASG'라는 정치 단체 결성으로 귀결되었다. 이 단체에는 구 좌파들, 적지 않은 노조원들 그리고 실망한 사회민주주의자들이 모였는데, 2005년 5월 이래 그 선두에 라퐁텐이 있었다.

사민당 지도부는 어젠다 2010을 통해 국가적·정치적 책임감을 가지고 실업 문제 해결과 경제 발전을 의식한 일대 전환을 이루고자 했으고 실제로 변화를 가져왔다. 하지만 사민당은 그 대가로 커다란 희생을 치렀다. 당원 일부가 탈당했으며 선거에서도 현저한 득표율 감소를 기록했다. 당과 정부 사이의 거리가 크게 벌어졌을 뿐 아니라, '보통 사람들의 보호자'라는 당의 역할에 의심이 생겼기 때문에 당의 정체성 의식이 위기에 빠졌다는 것 역시 사민당에는 심각한 문제였다.

슈미트 때처럼 당과 복잡한, 부분적으로는 긴장된 관계를 맺고 있던 슈뢰더 수상은 2004년 당 총재직을 원내 사무총장 뮌테페링에게 넘겨주었다. 당으로부터의 부담에서 벗어나기 위해서였다. 슈뢰더에 비해 전통적인 사민당을 더욱 강하게 구현하는 이미지를 갖고 있었던 뮌테페링은 어젠다 프로세스를 위험에 빠뜨리지 않으면서 당을 통합해야 했다. 뮌테페링은 정부의 통치 행위에 맞서는 당의 독자적인 비중을 인정하면서 무엇보다 새로운 당 기본 강령 제정 작업을 재촉했다. 이러한 맥락에서 그는 금융자본주의의 실제를 메뚜기 떼로 인한 해악과 비교했다. 물론 그는 이를 통해 좌파의 박수를 받았지만, 하르츠 개혁안에 대한 저항을 줄이지는 못했다.

노동시장개혁Hartz IV 프로그램이 2005년 5월 노르트라인베스트팔렌 주 의회 선거에서 사민당의 패배에 적지 않게 기여했다는 데 대해서는 의문의 여지가 없다. 분명히 역량 있고 인기도 높은 주지사 후보 페어 슈타인브뤼크Peer Steinbrück(2002년 클레멘트의 뒤를 이어 주지사직을 수행했던)를 내세운 사민당에게 선거 패배는 거의 재앙과 같았다. 노르트라인베스트팔렌 주는 사민당이 1966년 이래 집권해왔으며, 지난 15년 동안 라우의 리더십 아래 사민당이 과반수 의석을 차지하기까지

했던 최대 인구를 가진 주였기에 이는 더욱 뼈아픈 패배였다.

노르트라인베스트팔렌 주 의회 선거가 있던 날 밤에 슈뢰더 수상과 당 총재 뮌테페링은 연방의회 선거를 한 해 앞당기겠다고 발표했다. CDU가 지배하는 연방 상원에 의해 연방 정치가 지속적으로 봉쇄되는 것을 막기 위해서였다. 그런데 콜이 선택한 위장 전략, 즉 불신임안을 반대하는 듯한 전략에 의해 이보다 일찍 연방의회가 해산되었다. CDU는 유력한 승리 후보로 손꼽힌 메르켈을 내세워 선거전에 임했다. 그런데도 사민당과 슈뢰더는 시장급진주의에 맞서서, 그리고 누진세를 제거한 조세개혁 콘셉트에 맞서서 성공적으로 자기 입지를 주장할 수 있었다. 선거 결과 CDU/CSU는 사민당과 거의 대등한 득표를 달성했다. CDU/CSU는 35.2%, 사민당은 34.2%. FDP는 9.8%, 녹색당은 8.1%, 좌파당은 8.7%였다. 근소하지만 CDU/CSU가 사민당보다 다수 득표를 얻었다는 사실은 메르켈이 수상이 된다는 것을 의미했다. 그러면 이제 CDU/CSU는 어느 당과 연립정부를 구성할 수 있었나? 주어진 상황에서 좌파당은 정부의 외교 정책에 대한 근본적인 반대 노선과 당내 SED 독재 관련 인사들의 청산 문제 등으로 인해 연정 대상에서 일단 제외되었다. 서로 대립되는 정책들 때문에 다른 잠재적 파트너인 녹색당, FDP와 자메이카 연정[10]을 수립하는 것도 불가

10 CDU·FDP·녹색당, 3당을 상징하는 흑색·황색·녹색이 자메이카 국기 색과 같아서 붙은 이름이다.

능해지자 결국 대연정이 유일한 대안으로 남았다. 사민당은 장관직의 절반, 그 가운데 부수상이자 노동부 장관에 프란츠 뮌테페링, 외무부 장관에 프랑크발터 슈타인마이어, 재무부 장관에 페어 슈타인브뤼크 그리고 환경부 장관에 지그마어 가브리엘Sigmar Gabriel을 내세웠다.

제2차 대연정

사민당은 새 정부의 많은 통치 프로그램에 자신의 사회민주주의적인 성격을 반영할 수 있었던 반면, 메르켈과 CDU/CSU는 그들의 신자유주의적 프로그램을 별다른 토론 없이 포기했다. 여론은, 특히 부가가치세 인상에 직면해 뒤섞인 반응을 보였다.

사민당 소속 장관들은 대체로 성공적인 활동을 전개했다. 새로운 정책을 개발하지는 않았지만 매우 신중하게 처신한 외무부 장관 슈타인마이어, 국가 재정을 안정시키기 시작했으며(이미 2007년에 국가재정이 수지 균형을 이루게 되었다) 2008년 시작된 국제 금융경제 위기에서 신속하고 내공 있게 움직인 재무부 장관 슈타인브뤼크, 연금재정 문제에 과감하게 접근해 연금 연령을 67세로 처리한 노동부 장관 뮌테페링, 그의 후임으로 위기에 단시간 노동 보조금을 도입해 근본적으로 노동시장의 안정에 기여한 올라프 숄츠Olaf Scholz에게 이 평가가 해당된다. 사민당은 대체로 불가피하게 국민들의 미움을 살 수밖에 없는 어려운 분야를 맡았었다. 예를 들어 울라 슈미트Ulla Schmidt가 책임을 맡았던 건강 정책 같은 분야에는 이해관계, 구조 문제, 비용 문제가 얽혀 있어서 모든 당사자들로부터 불만을 살 수 있었다. 그러다 보니 외교 정책, 유럽 정책 분야에서 정책을 개발해 좋은 인상을 남긴 수상 메르켈이 여론의 조명을 받았다. 수상首相 민주주의와 언론 민주주의는 사민당에게 불리하게 작용했다. 그러나 그 외에는 연정 파트너 간의 끊임없는 갈등 때문에 여론의 의식 속에서 실제 연정의 성과가 부분적으로 가려졌다.

2002년 선거 이후 사민당에서는 예기치 않게도 또다시 당의 권력 문제가 제기되었다. 뮌테페링은 총선 직후 자신이 원내 사무총장직에 추천한 인물이 당의 지지를 얻지 못하고 탈락하자 총재직에서 물러났다. 복합적인 그룹들이 공모해 분명한 목표도 없이 위원장단 회의에서 그 인물을 좌절시킨 것인데, 이는 사민당 지도부 문화의 추락을 상징적으로 보여주는 징후였다. 브란덴부르크 주지사 마티아스 플라체크Matthias Platzeck가 후임 총재가 되었는데 그는 불과 몇 달 후에 건강상 이유로 다시 사퇴했다. 그 후 라인란트팔츠 주지사인 쿠르트 베크Kurt Beck이 2006년 5월 신임 총재가 되었다.

이제 당에 문제가 된 것은 서독 지역에서 좌파당을 포함하는 사민당의 연립정부 구성이 어느 정도 가능할 것인가였다. 사민당은 2008년 1월 헤센 주 의회 선거에서 안드레아 이프실란티Andrea Ypsilanti를 후보로 내세워 성과를 거두었지만 녹색당과 합쳐도 과반수 의석을 확보하지는 못했다. 그녀는 선거운동 기간 중에 여러 차례 단호히 좌파당과의 연정 가능성을 배제했었다. 선거 직후 그녀가 과반수 의석 확보를 위해 좌파당과의 연정을 검토하고 나서자 당과 여론에서는 공약 위반이라는 강력한 항의가 제기되었다. 그런데도 그녀가 주지사가 되기 위한 2차 투표를 시도하자 사민당 의원 네 명이 당론 복종을 거부했으며 그 결과 투표는 실패로 끝났다. 좌파당과의 연정은 역사적인 경험과 이 정당의 정치적 위치 그리고 라퐁텐이 수행하는 특수한 역할 때문에 당내 일부와 여론에 문제로 남아 있다.

2008년, 베크도 체념에 빠졌다. 이 시기 언론의 화두는 사민당 때리기였다. 설명하기 어려운 현상이다. 그리고 이 사민당 때리기는 특히 당시 성공적인 활동을 펼치고 있던 라인란트팔츠 주지사이자 수도 베를린의 저급한 잡지들이 "촌스럽다"고 폄하했던 베크에게 집중되었다. 그의 사퇴에는 분명 당 지도부 내의 갈등도 일정한 역할을 했다. 어쨌든 뮌테페링이 다시 당 총재직을, 슈타인마이어가 수상 후보를 맡았다.

전체적으로 보아 대연정은 (CDU가 맡았던 영역조차) 부분적으로 사회민주주의적인 정책을 추진했다. 예를 들어 부모 보조금 도입, 가브리엘이 책임을 맡았던 환경 정책, 최소 임금에 대한 접근 등에서 그러했다. 슈타인브뤼크도 (이미 아이헬과 슈뢰더가 시도했었던) 국제금융시장의 조정 문제에서 진전을 보기 위해 진지하게 노력했다.

1999년 이래 토론되어왔던 당 기본 강령을 2007년 10월 함부르크 전당대회에서 통과시킨 것도 대연정 기간에 사민당이 이룬 성과에 속한다. 새로운 기본 강령 제정은 세계화와 그 모순, 노동 현장과 사회의 격변, 민주주의 문제와 같은 현대의 도전을 진지하게 성찰하고 이 시대에 맞는 사회민주주의적인 해결책을 모색하려는 포괄적인 시도였다. 유럽 공동체의 지속적 발전, 역량 있는 민주주의 국가 내의 연대감 있는 시민사회, 예방적인 사회복지국가, '양질의 노동', 양성평등, 마지막으로 교육 정책이 여기에서 중요한 역할을 담당하고 있다. 강령은 여전히 산적한 문제들을 부인하지 않으며 해결할 기회를 찾으려고도 시도한다.

물론 2009년, 슈타인마이어가 수상 후보로 선두에 나선 사민당 선거운동은 CDU에 맞서서 여론을 양분시킬 수 있는 뚜렷한 테마의 결핍으로 인해 고전苦戰을 면치 못한 데다가, 어젠다 2010은 여전히 후유증을 보여주었다. 그러나 무엇보다도 대연정의 재개는 누구도 원하지 않았기 때문에 현실적으로 권력을 장악할 전망이 불투명했다. 사민당이 단 23%밖에 얻지 못함으로 인해 이 총선은 정당 구도의 변화로만은 설명하기 어려운, 전례 없는 선거 참사였다. 이전 어떤 총선에서도 사민당이 이렇게 추락한 적은 없었다. 사민당은 11.9%를 얻은 좌파당에 표를 잃었으며, 33.8%를 얻은 CDU에 더 많이 빼앗겼지만, 과거 사민당 지지 세력 가운데 선거에 불참한 사람들은 이보다 더 많았다. 외부에 드러나는 사민당의 이미지와 자신의 정책을 대변하는 데에서 불충분한 자신감 등이 이에 기여했다.

어떤 동시대인들은 선거 결과를 특수한 정치적 구도의 결과보다는 사회민주주의 시대의 종식을 보여주는 징후로 보고자 했다. 하지만 이는 전체적으로 보아 독일 사회에서 사회민주주의적인 기본 입장에 대한 지지가 다시 증가하고 있으며, CDU조차 부분적으로 사민당 방향으로 움직이고 있기 때문에 사실상 CDU의 사회민주주의화가 거론되고 있다는 점을 고려한다면 옳지 않아 보인다.

오랜 역사에서 거듭 힘든 타격을 입곤 했던 사민당은 신임 총재 가브리엘의 리더십 아래 폭넓은 개혁 논의를 시작했으며, 이후 시기의 주 의회 선거 결과들이 보여주듯이, 이제 새로 시작하고 있다.

14
맺는말

사민당 150년 역사는 사민당의 정체성이 과연 무엇인지, 그리고 그와 관련해 사민당이 역사적 맥락 속에서 어떤 발전 궤적을 걸어왔는지 질문을 던진다.

독일 사회민주당은, 중부 유럽에서 이제 막 시작된 산업화가 가속화되던 시대, 그러나 독일 민족국가는 아직 존재하지 않던 시대에 출발했다(1848/49년의 시도는 실패로 끝났다). 당시 독일인들은 다양한 모습의 연방 국가(거대한 두 국가[1]와 몇몇 중형 국가 그리고 여러 소국가와 도시로 구성된, 느슨한 독일 연방으로 결합된 형태)에서 살고 있었다. 이에 반해 오

1 프로이센과 오스트리아를 가리킨다.

늘의 사민당은 한편으로는 독일을 포함해서 민족국가들이 당연한 국가형태로 여겨지는 세계, 그러나 그 민족국가들이 유럽연합EU 같은 초국가적 기구에 주권을 넘겨주는 세계, 동시에 초국가적인 통신망과 글로벌한 경제의 흐름에 의해 침투되고 있는 세계에 살고 있다. 여기서 초국가적 통신망과 경제는 산업적 의미가 아무리 중요하다고 해도 일차적으로는 글로벌한 금융자본주의에 의해 좌우되는 것으로 보이는 세계이다. 사민당은 독일에서 벌어지고 있는 거대한 변화에 직면해 만들어진 하나의 운동이자 기나긴 연속성을 가진 조직인데, 이는 19/20세기 독일사가 일련의 단절로 특징지어진다는 점을 고려할수록 더욱 주목할 만한 일이다.

사민당이 가진 오랜 역사적 연속성의 전제가 되는 정체성의 핵심이 무엇인지를 살펴보면 그것은 바로 사민당이 추구한 특정한 목표, 가치, 행동에 잘 나타나 있다. 변화 속에서도 지속되어온 것, 그것은 아마 다음과 같이 표현될 수 있다.

사민당은 정치적·경제적 발전 과정을 수동적으로 받아들인 것이 아니라 능동적·주체적으로 개혁하려는 정치·사회 운동으로 발전시켰다. 그리고 그 목적은 착취와 억압을 극복하고, 사회 구성원 절대 다수가 만족할 수 있는 세상을 만들어 그들이 당연히 차지해야 할 포괄적인 몫을 소유하도록 관철하는 것이었다. 사민당은 자유를 평등 및 연대와 연관시킴으로써 특정의 소수가 아닌 모두를 위한 포괄적인 자유가 실현되도록 노력한 정당이었으며, 지금 이 순간도 그렇게 노력하고 있다. 이렇게 노력한 결과 사민당은 과거에는 필요한 한 자본주의를 제어했으며, 세분화된 사회복지국가를 탄생·발전시켰다. 사민당은 현재에도 그리고 미래에도 이러한 노력을 계속할 것으로 보인다.

독일 사민당이 스스로를 민주주의 정당으로 이해한다는 점도 당의 정체성에 속한다. 여기서 정치적 민주주의는 한때 이론적으로 목적을 위한 수단이었지만, 현장에서 사민당은 늘 정치적 민주주의를 추구했다. 사민당은 19세기의 압제 국가뿐 아니라 20세기의 독재에 맞서서도 투쟁을 전개했다. 그로 인해 사민당의 역사는 20세기 전반의 비극적인 독일사에 대한 하나의 대항역사Gegengeschichte[2]가 되었다. 당이 동시에 평화로운 균형('국제주의')을 추구했기 때문이다. 나아가 사민당은 진보 사상에 책임감을 느꼈던 교육·문화 운동이었다. 사민당은 현재에도 진보 사상에 비춰 스스로를 성찰하며 그런 상태에 머물기 위해 노력하고 있다.

물론 사민당의 강령은 시대의 흐름 속에서 실로 다양한 이론적인 입장과 연결될 수 있었다. 특히 여러 가지 유형의 마르크스주의, 칸트주의 또는 도덕적 실용주의가 언급될 수 있다. 대부분 진화론적이며 조금은 변증법적으로 각인된, 그리고 부분적으로는 종말론적으로 채색되었던 특정 역사관도 일시적으로는 사민당의 자기 정체성과 연결되었다. 그러나 이러한 역사관은 세계대전의 충격으로 인해 점차 사

2 대안역사라는 의미도 포함된다.

라졌다. 마르크스주의와의 접점도 이미 바이마르 시대에 느슨해지다가 전후 시대에 대부분 해제되었다.

그런데도(그것이 이데올로기적 근거이든, 유토피아적 희망의 표현이든 아니면 전통주의의 변형이든) 장기적인 목표와 구체적인 현실 정치 사이의 긴장은 사민당의 역사가 걸어온 길이었다. 이 긴장은 특히 사민당이 정부 운영의 책임을 맡았을 때 드러났다. 자신의 정치적 실천 측면에 대해 스스로 느낀 어느 정도의 불만족은 아마도 변화를 추구하는 사회민주주의적인 의식의 또 다른 한 면이었다.

사민당의 가장 중요한 지지 세력을 형성하는 사회계층도 마찬가지로 시대의 흐름 속에서 변화했다. 초기에는 수공업자들이 당의 핵심 지지 세력이었으며, 이들은 그다음 시대에도 숙련공들과 함께 당의 사회적 기반을 형성했다. 노동자 개념은 늘 매우 포괄적으로 이해되었기 때문에, 처음부터 공장 노동자뿐 아니라 중소 자영업자, 지식층, 교사, (제1차 세계대전 이전에 이미 등장하기 시작한) 사무원층과 사회적 약자도 여기 포함되었다. 노동자계급 개념은 사민당에게 늘 현실이라기보다 차라리 과제였다. 당원의 사회적 구성과 선거 지지층을 분석해 볼 때 사민당은 언제고 순전히 노동자당이었던 적은 없었다. 고용자들이 늘 특별한 기능을 수행하기는 했으며 노동자층과 사무원층 옆에 공무원층이 강력하게 등장했음에도 불구하고, 잠재적인 것으로 파악될 수 있던 국민정당화 경향은 궁극적으로 제2차 세계대전 이래 본격적인 궤도에 올랐다.

당의 전략에 관한 한, 1918/19년의 방향 설정 이래 사민당에게 의회민주주의 내에서의 개혁주의 정책 외에 다른 대안은 없었다. 이 노선은 제1차 세계대전과 제2차 세계대전 후 독일에서 의회민주주의가 관철되는 데 탁월한 역할을 수행했다. 1960년대 후반과 1970년대 초 일어난 민주화 붐도 사민당의 개혁주의와 연관되어 있었다. 또한 1989년 가을 동독에서 SED 독재를 극복하는 데 중요한 지분이 있는 사회민주주의 정당이 창당된 것도 분명 우연이 아니었다. 독일에서 어떠한 정당도 사민당과 비교할 만한 지속성을 유지하며 민주주의를 관철하고 방어하지 못했다.

역사의 흐름 속에서 사민당의 정치 문화는 변화했다. 빌헬름 제국과 바이마르 공화국 시기에는 대중 집회 외에 노동자 문화단체들과 사민당 언론이 중요했다. 이러한 맥락에서 나치 시대는 하나의 중요한 변곡점이다. 제2차 세계대전 후 사민당이 의지할 수 있는 명백히 사회민주주의적이고, 사회도덕적인 환경은 매우 제한적이었다. 언론 매체의 점증하는 위력과 전통적인 노동자 환경의 와해 그리고 연관된 소통방식의 변천과 함께 사회민주주의 진영의 내부적 소통 도구였던 사회민주주의 언론은 의미를 상실했고 이는 당의 결속력을 약화시켰다.

오늘날 사민당이 처한 상황은 몇 가지 중요한 의문을 던지고 있다. 지난 수년간 독일뿐 아니라 유럽 대부분의 나라에서 사민당의 견고한 지지층이 점점 줄어들고 있는데, 이는 오늘날 유럽에서 이들과 관련된 사회적 문제가 여전히 의미가 있는지 의문을 제기한다. 특정 욕구가 이미 충족되었다면 이제 정의란 과연 어떤 역할을 할 수 있을 것일까? 다른 문제들, 예를 들어 환경 문제나 기후 문제가 이제 많은 사람들에게 사회적 문제와 마찬가지로 중요하거나 아니면 오히려 이보다 더 중요해진 것은 아닐까? '사회적'인 것과 '민주주의적'인 것을 포괄하는 강령, 그러면서도 응집력 있는 영향력과 빛나는 후광을 동시에 가진 하나의 포괄적인 강령은 어느 정도 개발될 수 있을까? 다른 한편 다양한 정치 영역을 연결하는 정책 구상이 필요하다는 것은 자명하다. 이런 관점에서 볼 때, 좁고 특정한 관심사를 가진 다른 정당들보다는 사민당이 이러한 정책을 개발하는 데 더 쉽게 성공할 것으로 보인다.

여기에 최근 사회민주주의적인 의제가 다시 강력하게 정치의 전면에 부상하고 있다는 사실이 주목된다. 국가적 차원에서 이미 해결된 듯 보이는 경제적·사회적 문제들이 이제는 유럽 차원에서 새롭게 대두되고 있다. 바로 금융 투기 문제는 '약탈자본주의'(슈미트)의 제어 문제와 시장 규제 원칙의 문제를 새롭게 제기하고 있는 것이다. 의미 있는 양질의 노동문제와 삶의 리스크에 대비한 필수적인 보장 그리고 자기 책임 문제를 연결하며 부양해주는 사회복지국가 문제도 아직 해결되지 않았다. 자유와 분배의 문제도 마찬가지이다. 사민당은 이 모든 과제에 관해 다른 정당들보다 더 많은 관심뿐 아니라 관철 의지도 있다. 따라서 사민당 150년의 역사는 당 스스로에게 확고한 자신감을 주기에 충분하며, 그들의 역사는 지금도 결코 끝난 것이 아니다.

참고문헌

Angster, Julia. 2003. *Konsenskapitalismus und Sozialdemokratie: Die Westernisierung der SPD und des DGB* . München.

Bouvier, Beatrix W. 1990. *Zwischen Godesberg und großer Koalition: Der Weg der SPD in die Regierungsverantwortung*. Bonn.

_______. 1996. *Ausgeschaltet! Sozialdemokraten in der Sowjetischen Besatzungszone und in der DDR 1945-1953*. Bonn.

Brandt, Willy. 2000/2011. *Berliner Ausgabe*, 10 Bde. von Helga Grebing, Gregor Schöllgen and Heinrich August Winkler(eds.). Bonn.

Dowe, Dieter(ed.). 2001. *Demokratischer Sozialismus in Europa seit dem Zweiten Weltkrieg*. Bonn/Bad Godesberg.

Dowe, Dieter and Kurt Klotzbach(eds.). 2004. *Programmatische Dokumente der deutschen Sozialdemokratie,* 4th ed. Bonn.

Faulenbach, Bernd. 2011. *Das sozialdemokratische Jahrzehnt: Von der Reformeuphorie zur Neuen Unübersichtlichkeit-Die SPD 1969-1982*. Bonn.

Faulenbach, Bernd and Heinrich Potthoff(eds.). 1998. *Sozialdemokraten und Kommunisten nach Nationalsozialismus und Krieg: Zur Einordnung der Zwangsvereinigung*. Essen.

_______. 1999. *Die Revolution 1848/49 und die Tradition der sozialen Demokratie in Deutschland*. Essen.

_______. 2001. *Die deutsche Sozialdemokratie und die Umwälzung 1989/90*. Essen.

Feucht, Stefan. 1998. *Die Haltung der Sozialdemokratischen Partei Deutschlands zur Außenpolitik während der Weimarer Republik(1918-1933)*. Frankfurt a.M.

Gilcher-Holtey, Ingrid. 1986. *Das Mandat der Intellektuellen: Karl Kautsky und die Sozialdemokratie*. Berlin.

Grebing, Helga. 1999. *Geschichte der deutschen Arbeiterbewegung: Von der Revolution 1848 bis zur Gegenwart*. München.

Grebing, Helga(ed.). 2000. *Geschichte der sozialen Ideen in Deutschland: Sozialismus – Katholische Soziallehre – Protestantische Sozialethik*. Essen.

Groh, Dieter and Peter Brandt. 1992. *Vaterlandslose Gesellen: Sozialdemokratie und Nation 1860-1990*. München.

Kielmansegg, Peter Graf. 2000. *Nach der Katastrophe: Eine Geschichte des geteilten Deutschlands*. Berlin.

Klotzbach, Kurt. 1996. *Der Weg zur Staatspartei: Programmatik, praktische Politik und Organisation der deutschen Sozialdemokratie 1945-1965*, 2nd ed. Bonn.

Kocka, Jürgen(ed.). 1983. *Europäische Arbeiterbewegung im 19. Jahrhundert: Deutschland, Österreich, England und Frankreich im Vergleich*. Göttingen.

Lösche, Peter and Franz Walter. 1992. *Die SPD: Klassenpartei, Volkspartei, Quotenpartei: Zur Entwicklung der Sozialdemokratie von Weimar bis zur deutschen Vereinigung*. Stuttgart.

Löwenthal, Richard and Patrik von zur Mühlen(eds.). 1984. *Widerstand und Verweigerung in Deutschland 1933 bis 1945*. Berlin/Bonn.

Luthart, Wolfgang(ed.). 1978. *Sozialdemokratische Arbeiterbewegung und Weimarer Republik: Materialien zur gesellschaftlichen Entwicklung 1927- 1933*, 2nd ed. Frankfurt a.M.

Malycha, Andreas. 1995. *Auf dem Weg zur SED: Die Sozialdemokratie und die Bildung einer Einheitspartei in den Ländern der SBZ*. Bonn.

Matthias, Erich(ed.). 1968. *Mit dem Gesicht nach Deutschland: Eine Dokumentation über die sozialdemokratische Emigration, bearb*. Düsseldorf.

Mayer, Gustav. 1993. *Erinnerungen: Vom Journalisten zum Historiker der deutschen Arbeiterbewegung*. Hildesheim/Zürich/New York.

Meyer, Thomas. 2002. *Soziale Demokratie und Globalisierung: eine europäische Perspektive*. Bonn.

Merseburger, Peter. 1995. *Der schwierige Deutsche: Kurt Schumacher – Eine Biographie*. Stuttgart.

_______. 2002. *Willy Brandt 1913-1992*. Stuttgart/München.

Miller, Susanne. 1974. *Burgfrieden und Klassenkampf: Die deutsche Sozialdemokratie im Ersten Weltkrieg*. Düsseldorf.

_______. 1977. *Das Problem der Freiheit im Sozialismus: Freiheit, Staat und Revolution in der Programmatik von Lassalle bis zum Revisionismus*, 5th ed. Berlin/Bonn.

_______. 1978. *Die Bürde der Macht: Die deutsche Sozialdemokratie 1918-1920*. Düssedorf.

Mommsen, Hans(ed.). 1974. *Sozialdemokratie zwischen Klassenbewegung und Volkspartei*. Frankfurt a.M.

Mommsen, Hans. 1979. *Arbeiterbewegung und Nationale Frage: Ausgewählte Aufsätze*. Göttingen.

_______. 1989. *Die verspielte Freiheit: Der Weg der Republik von Weimar in den Untergang 1918 bis 1933*. Berlin.

Moser, Josef. 1984. *Arbeiterleben in Deutschland 1871-1970: Klassenlagen, Kultur und Politik*. Frankfurt a.M.

Mühlhausen, Walter. 2006. *Friedrich Ebert 1871-1925: Reichspräsident der Weimarer Republik*. Bonn.

Nawrat, Sebastian. 2012. *Agenda 2010 – ein Überraschungscoup? Kontinuität und Wandel in den wirtschafts- und sozialpolitischen Programmdebatten der SPD seit 1982*. Bonn.

Nipperdey, Thomas. 1983. *Deutsche Geschichte 1800-1866: Bürgerwelt und starker Staat*. München.

_______. 1990. *Deutsche Geschichte 1866-1918*, 2nd ed. München.

Peukert, Detlev J. K. 1987. *Die Weimarer Republik: Krisenjahre der Klassischen Moderne*. Frankfurt a.M.

Potthoff, Heinrich and Susanne Miller. 2002. *Kleine Geschichte der SPD 1848-2002*, 8th ed. Bonn.

Pyta, Wolfram. 1989. *Gegen Hitler und für die Republik: Die Auseinandersetzung der deutschen Sozialdemokratie mit der NSDAP in der Weimarer Republik*. Düsseldorf.

Ritter, Gerhard A. 1982. *Staat, Arbeiterschaft und Arbeiterbewegung in Deutschland: Vom Vormärz bis zum Ende der Weimarer Republik*. Berlin/Bonn.

Ritter, Gerhard A. and Klaus Tenfelde. 1972. *Arbeiter im Kaiserreich 1871-1914*. Bonn.

Schneider, Michael. 1999. *Unterm Hakenkreuz: Arbeiter und Arbeiterbewegung 1933-1939*. Bonn.

Schönhoven, Klaus. 1989. *Reformismus und Radikalismus: Gespaltene Arbeiterbewegung im Weimarer Sozialstaat*. München.

_______. 2002. *Arbeiterbewegung und soziale Demokratie in Deutschland: Ausgewählte Beiträge*. Bonn.

_______. 2004. *Wendejahre: Die sozialdemokratie in der Zeit der großen Koalition 1966-1969*. Bonn.

Schönhoven, Klaus and Bernd Braun(eds.). 2005. *Generationen der deutschen Arbeiterbewegung*. München.

Soell, Hartmut. 2003. *Helmut Schmidt: Vernunft und Leidenschaft 1918-1969*. München.

_______. 2008. *Helmut Schmidt: Macht und Verantwortung – 1969 bis heute*. Stuttgart.

Sturm, Daniel Friedrich. 2006. *Uneinig in die Einheit: Die Sozialdemokratie und die Vereinigung Deutschlands 1989/90*. Bonn.

_______. 2009. *Wohin geht die SPD?* München.

Vorholt, Udo. 1991. *Die Sowjetunion im Urteil des sozialdemokratischen Exils 1933-1945*. Frankfurt a.M.

Walter, Franz. 2009. *Die SPD: Bibliographie einer Partei*. Berlin.

Weber, Petra. 1996. *Carlo Schmid 1896-1979: Eine Bibliographie*. München.

Welskopp, Thomas. 2000. *Das Banner der Brüderlichkeit: Die deutsche Sozialdemokratie vom Vormärz bis zum Sozialistengesetz*. Bonn.

Wehler, Hans-Ulrich. 1995/2003/2008. *Deutsche Gesellschaftsgeschichte*. Bd. 3, 4 und 5. München.

Will, Wilfried van der and Rob Burns. 1982. *Arbeiterkulturbewegung in der Weimarer Republik*, 2nd ed. Frankfurt a.M./Berlin.

Winkler, Heinrich August. 2000. *Der lange Weg nach Westen*, 2nd ed. München.

Wolfrum, Edgar. 2006. *Die geglückte Demokratie*. Stuttgart.

Zarusky, Jürgen. 1992. *Die deutschen Sozialdemokraten und das sowjetische Modell: Ideologische Auseinandersetzung und außenpolitische Konzeptionen 1917-1933*. München.

찾아보기

[ㅅ]

[ㅈ]

[ㅋ]

[ㅍ]

[ㅎ]

지은이_ **베른트 파울렌바흐** Bernd Faulenbach

베른트 파울렌바흐는 독일사의 정체성, 사회민주주의 노동운동과 노동자문화 등을 집중적으로 연구해온 현대사가로서 현재는 보훔 대학교(Ruhr-Universität-Bochum)의 명예교수로 있다. 독일 통일 이후에는 통사당(SED) 독재 역사의 청산과 관련된 수많은 위원회에서 학문으로서의 역사와 현실 정치 사이의 경계를 넘나들며 매우 활발한 활동을 펼치고 있다. 무엇보다 1989년부터 현재까지 사민당 총재단 소속 역사가위원회에서 위원장으로 활동하고 있다. 최근 저서로는 『사회민주주의의 시대: 들뜬 개혁의 열기로부터 새로운 불확실성의 도래에 이르기까지. 독일사회민주당 1969~1982(Das sozialdemokratische Jahrzehnt: Von der Reformeuphorie zur neuen Unübersichtlichkeit. Die SPD 1969~1982)』(2011), 『빌리 브란트(Willy Brandt)』(2013)가 있다.

옮긴이_ **이진모**

이진모는 노동운동사에 대한 관심으로 독일에서 유학해 『독일노동운동사』의 저자 헬가 그레빙(Helga Grebing) 교수의 지도 아래 사회민주주의 노동운동사를 연구했다. 1999년 이후 한남대학교 사학과 교수로 재직하면서 독일 노동운동사 외에 과거사 극복 문제에도 관심을 기울이고 있다. 주요 성과로는 『개혁을 위한 연대: 독일사회민주당과 노동조합』(2001), 「나치의 유대인 학살과 '평범한' 독일인들의 역할: 골드하겐 테제를 둘러싼 논쟁」(1998)이 있고, 옮긴 책으로는 『아주 평범한 사람들: 101 예비경찰대대와 유대인 학살』(2010)이 있다.

한울아카데미 1975

독일 사회민주당 150년의 역사

지은이 **베른트 파울렌바흐** | 옮긴이 **이진모** | 펴낸이 **김종수** | 펴낸곳 **한울엠플러스(주)**
편집책임 **최진희** | 편집 **김영은·최은미**

초판 1쇄 인쇄 **2017년 4월 20일** | 초판 1쇄 발행 **2017년 5월 1일**

주소 **10881 경기도 파주시 광인사길 153 한울시소빌딩 3층**
전화 **031-955-0655** | 팩스 **031-955-0656** | 홈페이지 **www.hanulmplus.kr** | 등록번호 **제406-2015-000143호**

Printed in Korea.
ISBN 978-89-460-5975-7 93340(양장)
978-89-460-6310-5 93340(학생판)

* 책값은 겉표지에 표시되어 있습니다.
* 이 책은 강의를 위한 학생용 교재를 따로 준비했습니다. 강의 교재로 사용하실 때는 본사로 연락해주시기 바랍니다.